David Wohlhart – Michael Scharnreitner – Elisa Kleißner

Mathematik für die 1. Klasse der Grundschule

Arbeitsheft

Helbling

Inhaltsverzeichnis

Inhaltsverzeichnis

So funktioniert dein Mathematikbuch

1 Bilde Mengen.

Jede Aufgabe hat eine Nummer. Daneben steht die Anweisung. Wenn du sie noch nicht selbst lesen kannst, lass sie dir vorlesen.

2 Schreibe

Das Heft sagt dir, dass du die Lösung in dein Mathematikheft schreiben sollst.

3 Finde ★

Der Stern zeigt dir, dass eine Aufgabe besonders knifflig ist.

Mathematik lernst du am besten, wenn du immer wieder übst. „Bleib in Form!" hilft dir dabei.

Bei der Eule findest du wichtige Wörter.

Cedric und seine Freunde begleiten dich durch das Schuljahr.
Jedes Kapitel beginnt mit einem Bild aus ihrer Abenteuergeschichte.

1. Lieblingssachen ordnen

1 Bilde Gruppen. Male die Sterne an.
Nimm für jede Gruppe eine andere Farbe. Beschreibe die Gruppen.

2 Bilde Gruppen. Male die Formen an.
Nimm für jede Gruppe eine andere Farbe. Beschreibe die Gruppen.

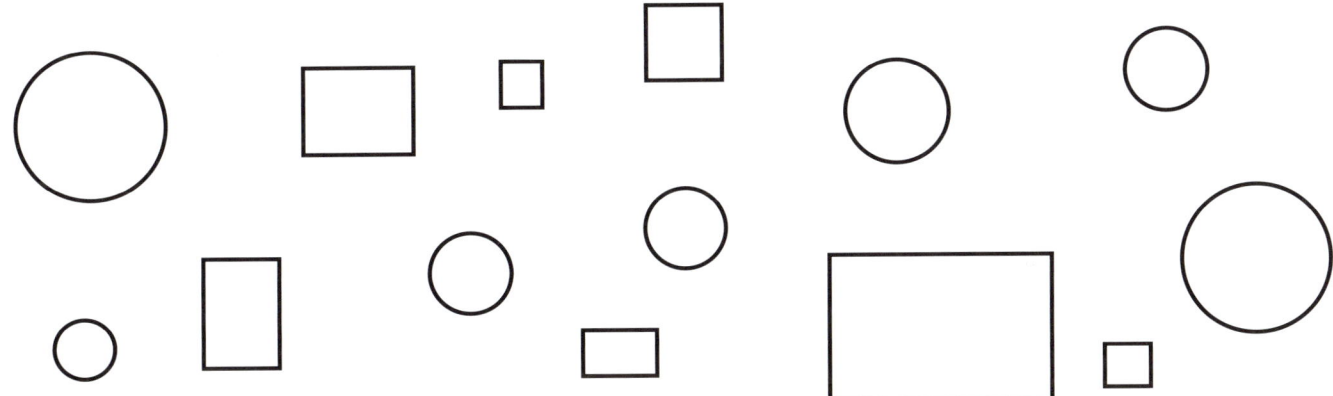

3 Bilde Gruppen. Male die Schmetterlinge an.
Nimm für jede Gruppe eine andere Farbe. Beschreibe die Gruppen.

Merkmale beschreiben, Gruppen bilden, ordnen
Die Kinder erklären, nach welchen Merkmalen sie gruppiert haben. Verschiedene Lösungen sind möglich.

1. Lieblingssachen ordnen

1 Bilde Gruppen. Male die Lastwagen an.
Nimm für jede Gruppe eine andere Farbe. Beschreibe die Gruppen.

2 Bilde andere Gruppen. Male die Lastwagen an.
★ Nimm für jede Gruppe eine andere Farbe. Beschreibe die Gruppen.

3 Schreibe die Zahlen.

1
2

Merkmale beschreiben, Gruppen bilden, ordnen
Die Kinder erklären, nach welchen Merkmalen sie gruppiert haben. Verschiedene Lösungen sind möglich.

1. Lieblingssachen ordnen

1 Zeichne die fehlenden Bilder in der richtigen Größe ein.

2 Was gehört in den Kleiderschrank?

3 Was passt nicht dazu? Warum passt es nicht dazu?

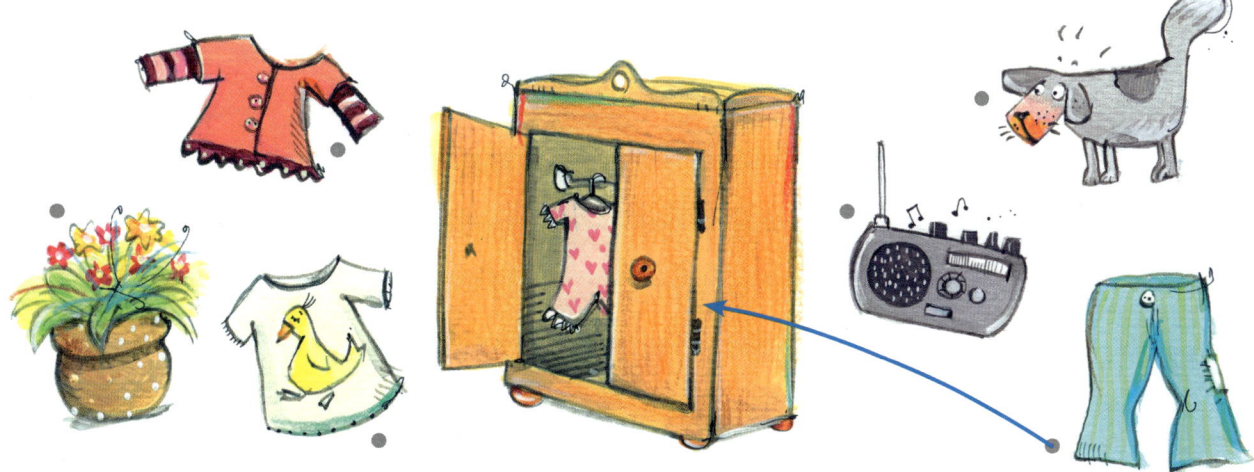

Merkmale beschreiben, Gruppen bilden, ordnen
2) Die Kinder zeichnen Striche von den passenden Gegenständen zum Kleiderschrank.
3) Die Kinder erklären, warum sie etwas durchstreichen.

7

2. Pferde zählen

1 Zähle die Früchte. Schreibe die Ergebnisse in die Tabelle.

2 Zähle die Fische. Schreibe die Ergebnisse in die Tabelle.

Schreibkurs

3 Schreibe die Zahlen.

Aufbau der natürlichen Zahlen: Zählen, Mengen bilden
1) 2) Die Kinder verwenden die Strichnotation zum Eintrag in die Tabelle.

2. Pferde zählen

1 Gib jedem Pferd eine Decke.

mehr als,
weniger als,
gleich viel wie

2 Gibt es für jedes Kind einen Schläger und einen Ball?
Vergleiche die Mengen.

3 Wovon gibt es mehr? Kreise ein.

Aufbau der natürlichen Zahlen: Zählen, Mengen bilden
1) Die Kinder zeichnen Striche von den Pferden zu den Decken.
2) Sprechweise: Es gibt weniger Bälle als Kinder.

2. Pferde zählen

1 Zähle und schreibe die Zahlen.

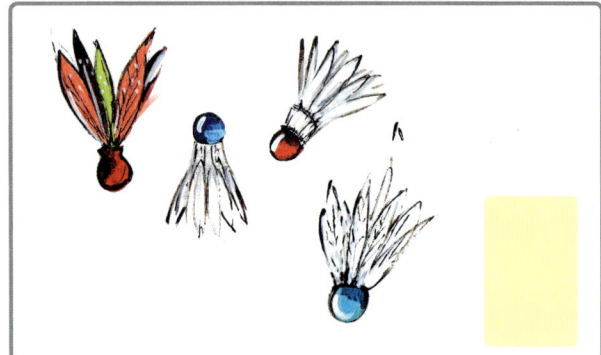

Schreibkurs

2 Schreibe die Zahlen.

Aufbau der natürlichen Zahlen: Zählen

2. Pferde zählen

1 Ergänze die Bilder.

2

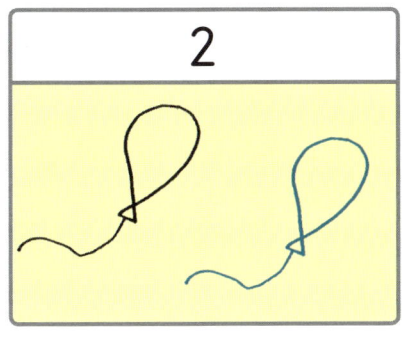

4

6

5

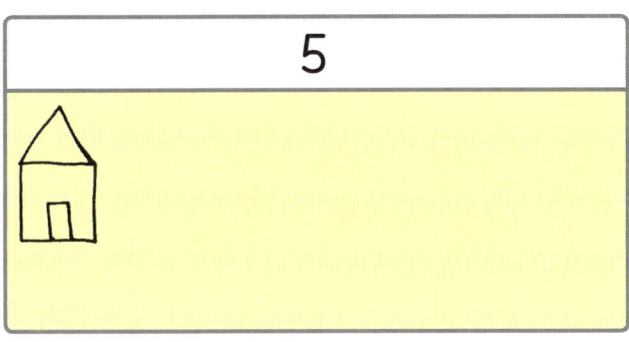

8

2 Bilde Mengen.

immer 1

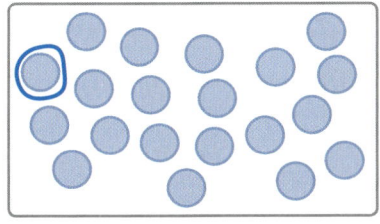

immer 2

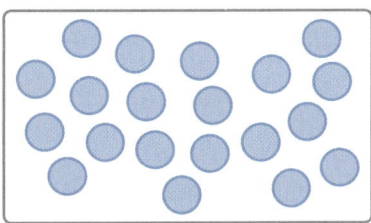

immer 3

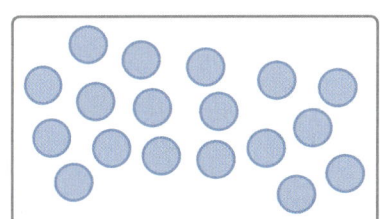

immer 4

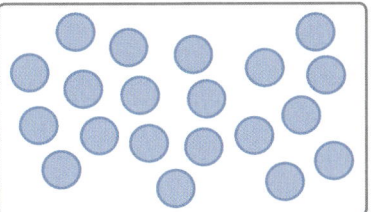

immer 5

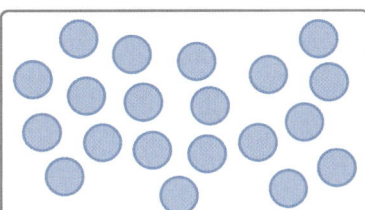

immer 6

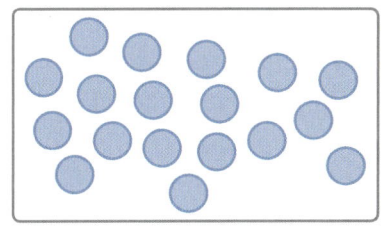

immer 7

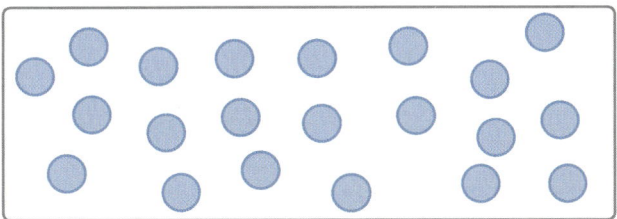

immer 8

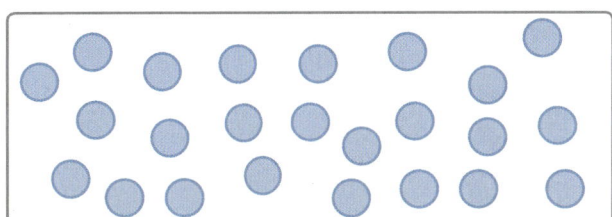

Aufbau der natürlichen Zahlen: Zählen, Mengen bilden
1) Die Kinder zeichnen die fehlenden Gegenstände.
2) Die Kinder kreisen die angegebenen Mengen ein.

2. Pferde zählen

1 Zähle und schreibe die Zahlen.

2 Auf einen Blick: Schreibe die Zahlen.

3 Zeichne die Würfelpunkte ein.

3   1   4   2   6   5   4   3

Schreibkurs

4 Schreibe die Zahl.

Aufbau der natürlichen Zahlen: Zählen, Mengen bilden

3. Links oder rechts?

1 Zeichne den Weg zum Ausgang ein.

rechts, links,
oben, unten

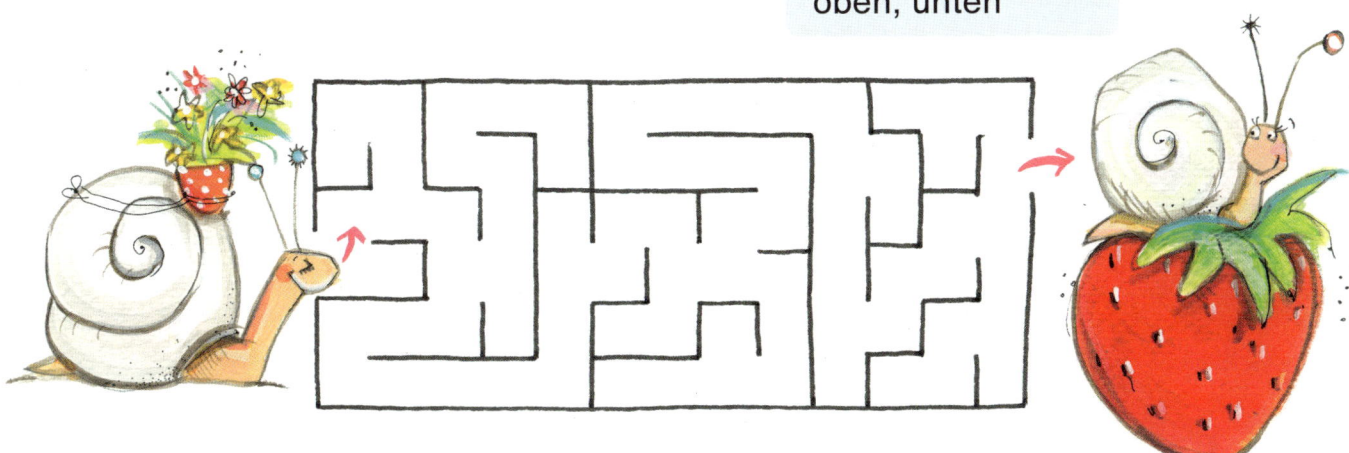

2 Zeichne den Weg zum Ausgang ein.

3 Zeichne den Weg durch das Labyrinth ein.

Raum und Form: Orientierung, Wegbeschreibungen

3. Links oder rechts?

1 Male die Bälle an und beschreibe ihre Lage.

2 Linke oder rechte Hand? Linker oder rechter Fuß?
Schreibe L oder R zu den Bildern.

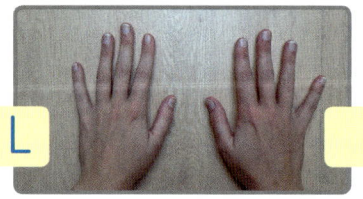

L

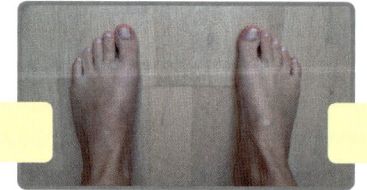

rechts,
rechts von,
links,
links von,
oben,
unten

Schreibkurs

3 Schreibe die Zahlen.

Raum und Form: Orientierung, Wegbeschreibungen
1) Sprechweise: Der rote Ball liegt unter der Decke.

4. Wie viel ist das?

1 Schreibe die richtigen Zahlen in die Kästchen.

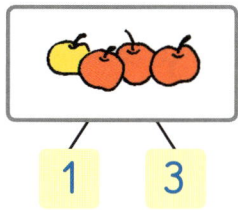

1 **3**

2 Beschreibe die Bilder.

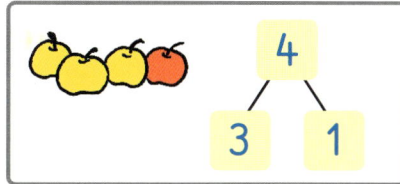

4

3 **1**

Das sind 4 Äpfel.
Einer ist rot.
Drei sind gelb.

3 Beschreibe die Bilder.

Mengen zusammensetzen und zerlegen
2) 3) Die Kinder schreiben oben die Gesamtzahl, unten die passende Zerlegung.

4. Wie viel ist das?

1 Beschreibe die Bilder.

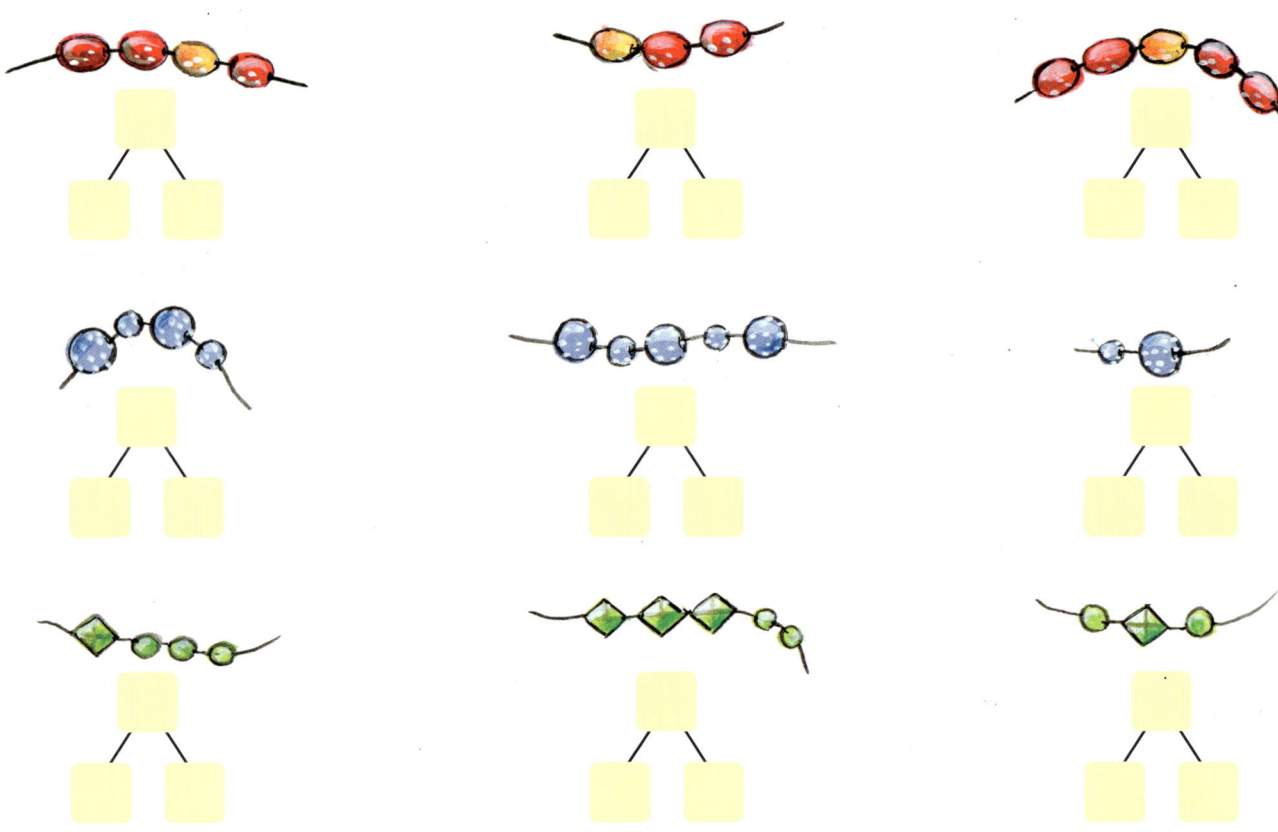

2 Erzähle Geschichten, die zu den Bildern passen.

Bleib in Form!

3 Auf einen Blick: Schreibe die Zahlen.

Mengen zusammensetzen und zerlegen
1) Sprechweise: Die Kette hat vier Perlen. Drei sind rot, eine ist gelb. Unterschiedliche Lösungen sind möglich (Form, Größe, Farbe, …)
2) Die Kinder erfinden Geschichten. Verschiedene Lösungen sind möglich.
3) Der Abschnitt „Bleib in Form!" greift hier und auf jeder zweiten folgenden Seite grundlegende Fähigkeiten und Fertigkeiten wieder auf, die langfristig geübt werden sollen.

1 Lege und zeichne.

Immer 3.

Immer 4.

Immer 5.

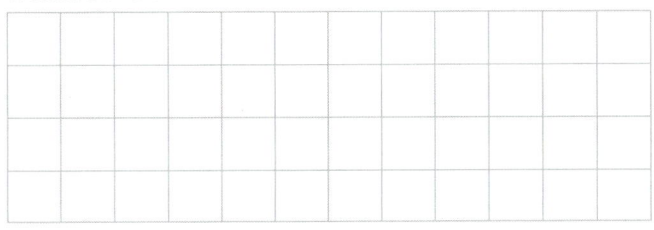

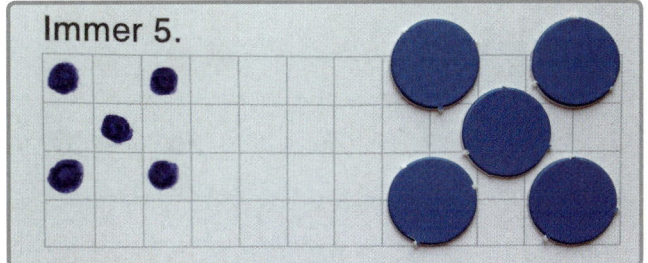

Immer 6.

Immer 7.

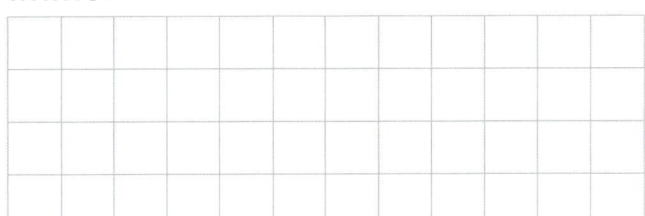

Immer 8.

Immer 9.

Immer 10.

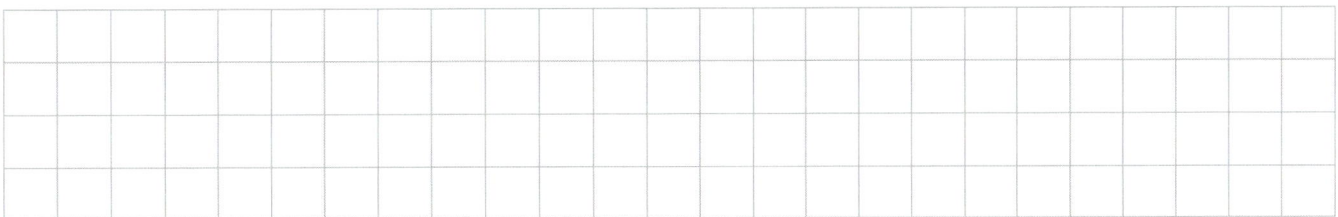

Verschiedene Anordnungen von Mengen
1) Die Kinder bilden selbst verschiedene Anordnungen von Punktmengen.

1 Wie viele? Auf welchen Bildern kannst du Zahlen am schnellsten erkennen?

Immer 4

Immer

Immer

Immer

Immer

Immer

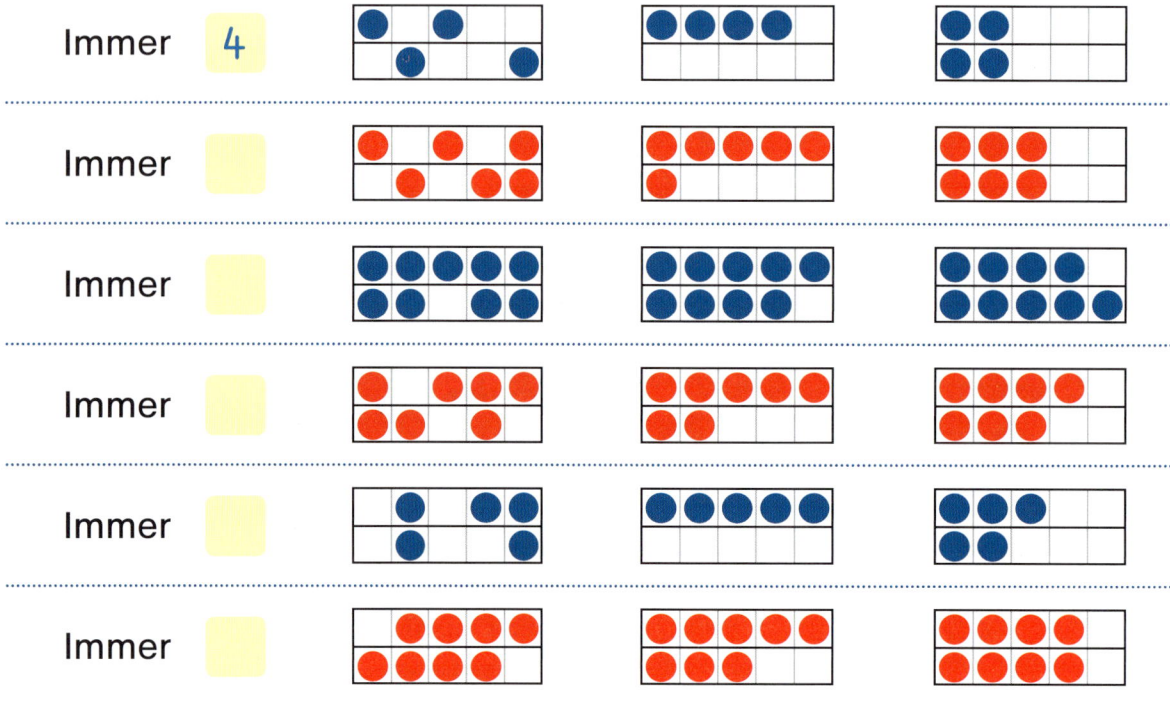

2 Male Plättchen.

Immer 5

Immer 6

Immer 7

Immer 8

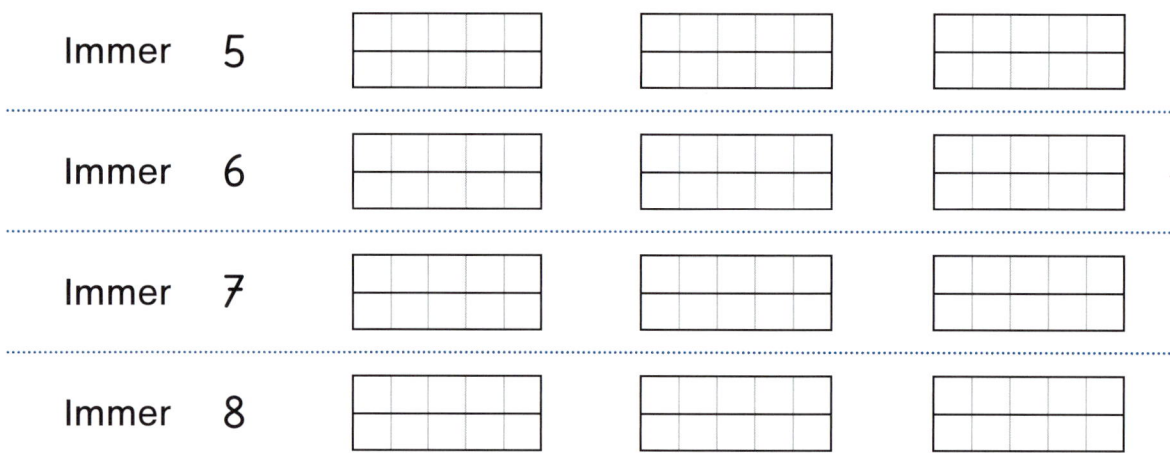

Bleib in Form!

3 Schreibe die Zahlenmuster weiter.

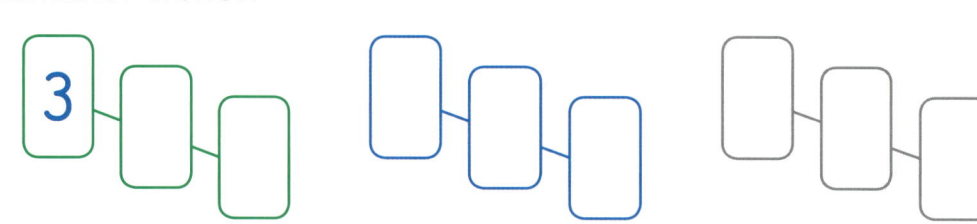

Erkennen von Mustern in Mengenanordnungen
1) Die Kinder finden jene Anordnungen, bei denen man Mengen schnell erkennen kann.
2) Die Kinder zeichnen eigene Anordnungen von Mengen.

5. Messen mit Händen und Füßen

1   Miss mit deinem Zeigefinger und schreibe die Ergebnisse
in die Kästchen.

2   Miss mit deinem Daumen und schreibe die Ergebnisse
in die Kästchen.

Körpermaße,
Fingerbreite,
Daumenbreite,
kürzer als,
länger als

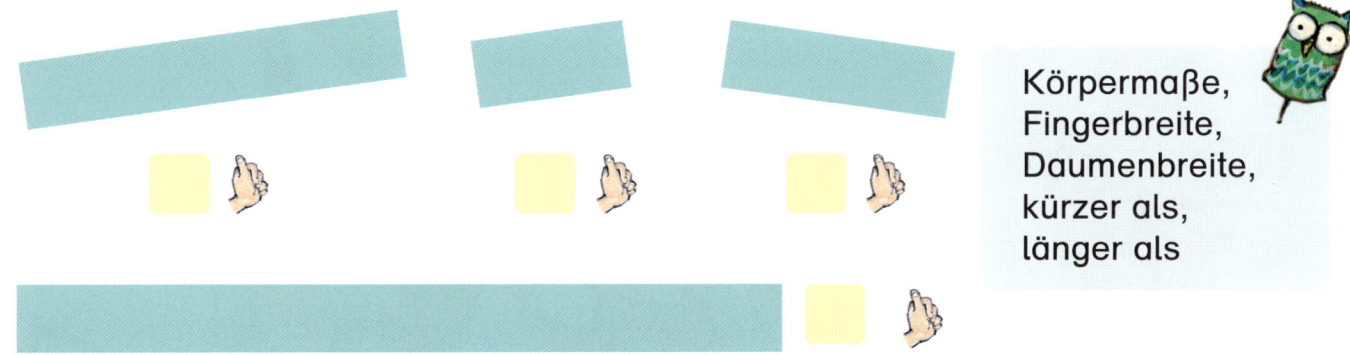

3   Kreuze an, was kürzer ist als 1 Meter.

Messen mit körperbezogenen Maßeinheiten, Meter
1) 2) Verschiedene Lösungen sind möglich.

6. Geheimzahlen finden

1 Nummeriere die Kinder der Reihe nach.

1.

2 Ordne die Drachen nach ihrer Größe. Nummeriere sie.

1.

Schreibkurs

3 Schreibe die Zahl 0.

0

Ordinalzahlen
1) Sprechweise: Die erste, der zweite, . . .

6. Geheimzahlen finden

1 Finde Zahlen und kreise sie ein. Was bedeuten sie?

2 Finde Zahlen im Straßenverkehr. Was bedeuten sie?

Zahl, Nummer

3 Ergänze die Zahlenbänder.

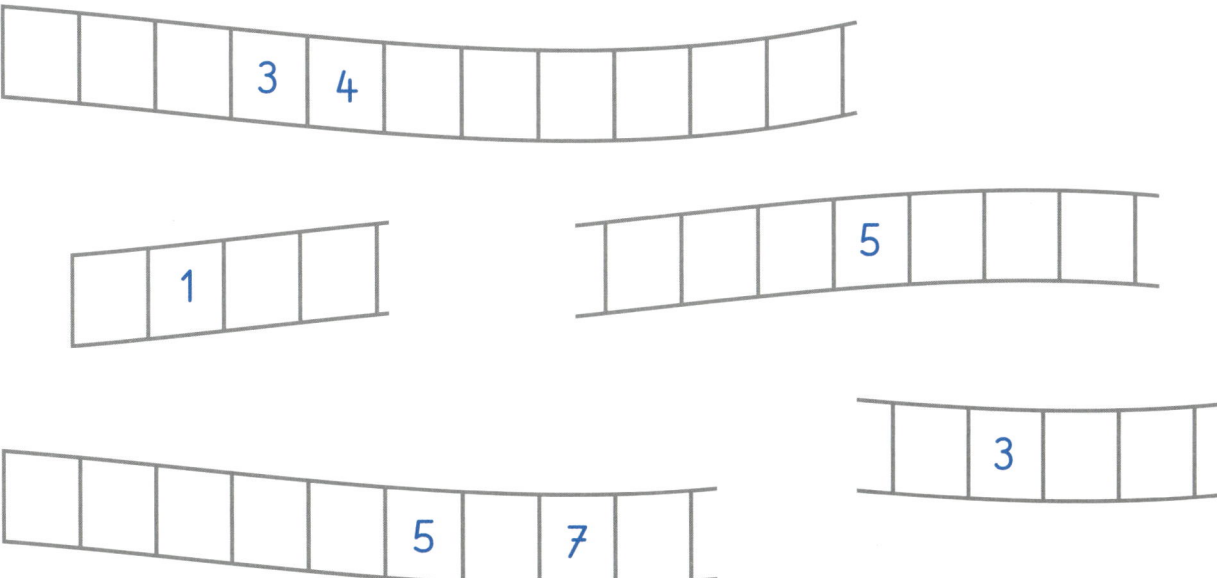

Zahlen in der Umwelt, Zahlenfolgen
1) 2) Die Kinder finden Zahlen und beschreiben, was sie bedeuten.

21

6. Geheimzahlen finden

1 Schreibe die Nachbarzahlen.

| | 6 | | | | 3 | | | | 7 | | | | | 2 |

2 Male die Zeichen <, > und = an.

kleiner als

gleich groß wie

größer als

3 Setze die Zeichen <, > oder = richtig ein.

5 ◯ 7 | 9 ◯ 5 | 5 ◯ 3 | 0 ◯ 7

< kleiner als
= gleich groß wie
> größer als

Bleib in Form!

4 Schreibe.

Zahlenfolgen, Größenvergleich, Mengenvergleich

1 Schreibe die Zahlen von 0 bis 10 und zurück. Zähle vorwärts und rückwärts.

2 Ergänze die Zahlenbänder.

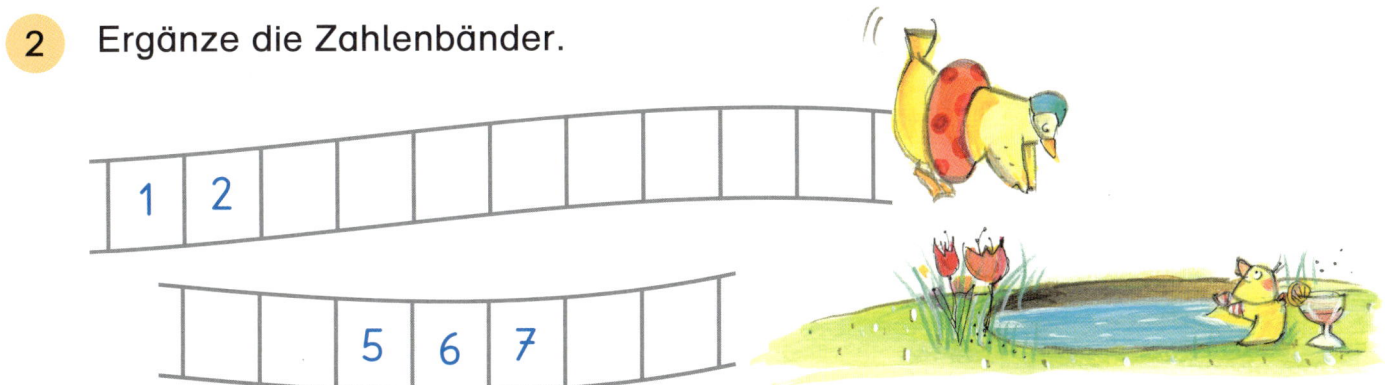

3 Schreibe die Zahlen.

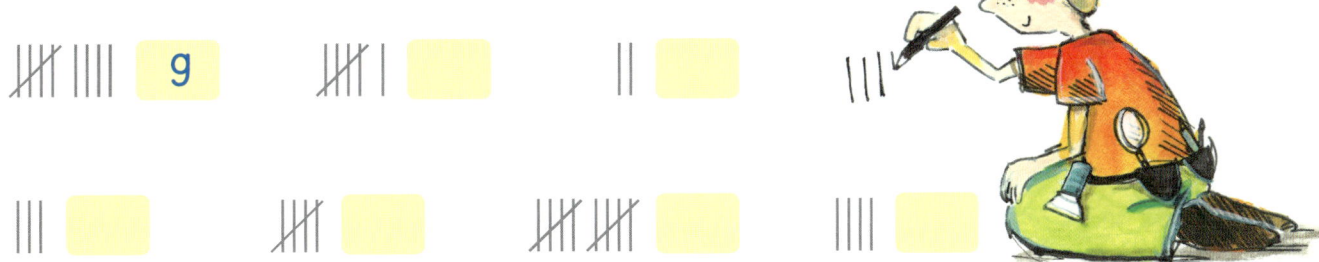

4 Schreibe die Zahlen.

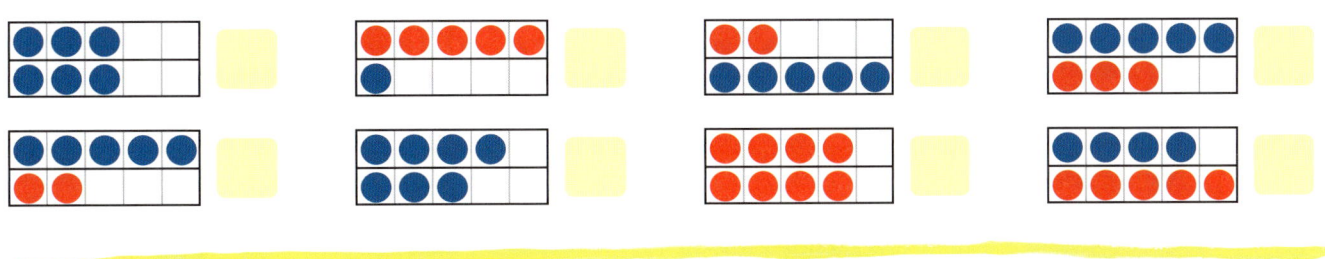

Zahlenfolgen, verschiedene Notationsweisen

7. Das kann ich schon!

1 Bilde Gruppen. Kreise die Gegenstände ein.

2 Führe die Reihen weiter. Male die Bilder fertig.

 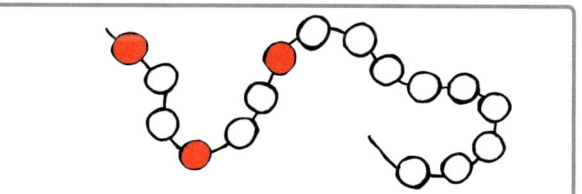

3 Finde verschiedene Wege zum Ausgang.
⭐ Male den kürzesten Weg rot an.

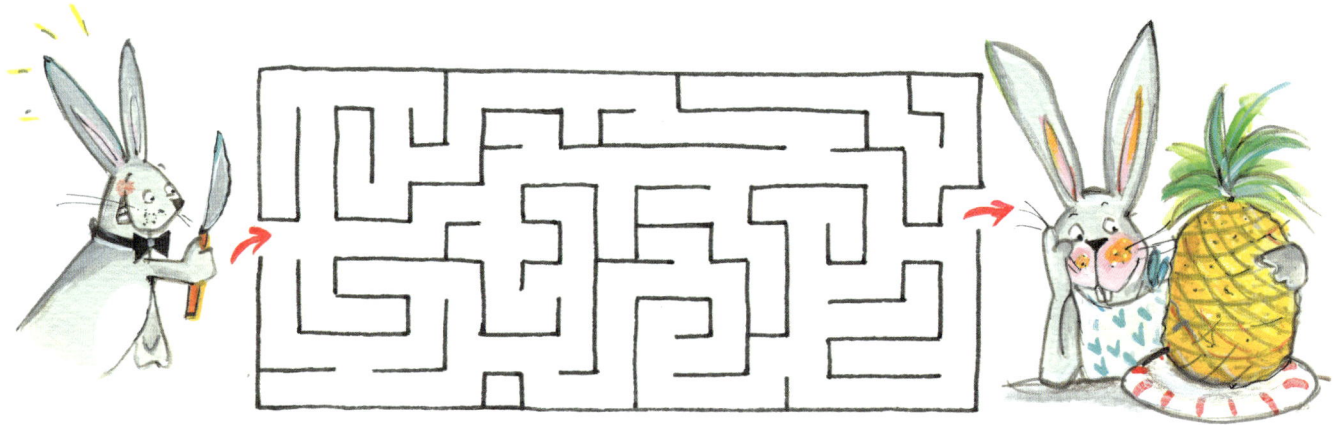

Bleib in Form!

4 Auf einen Blick: Schreibe die Zahlen.

6

Wiederholung: Gruppen, Reihen, Raum und Form

24

1 Beschreibe die Bilder.

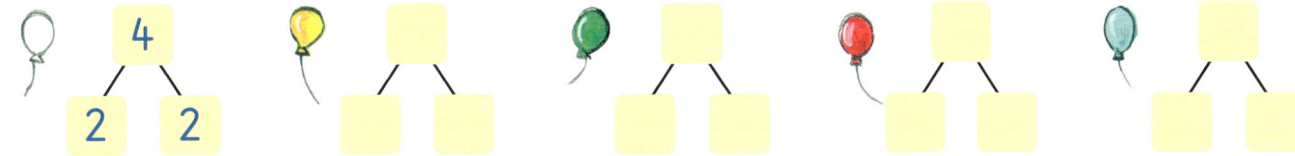

2 Beschreibe die Bilder.

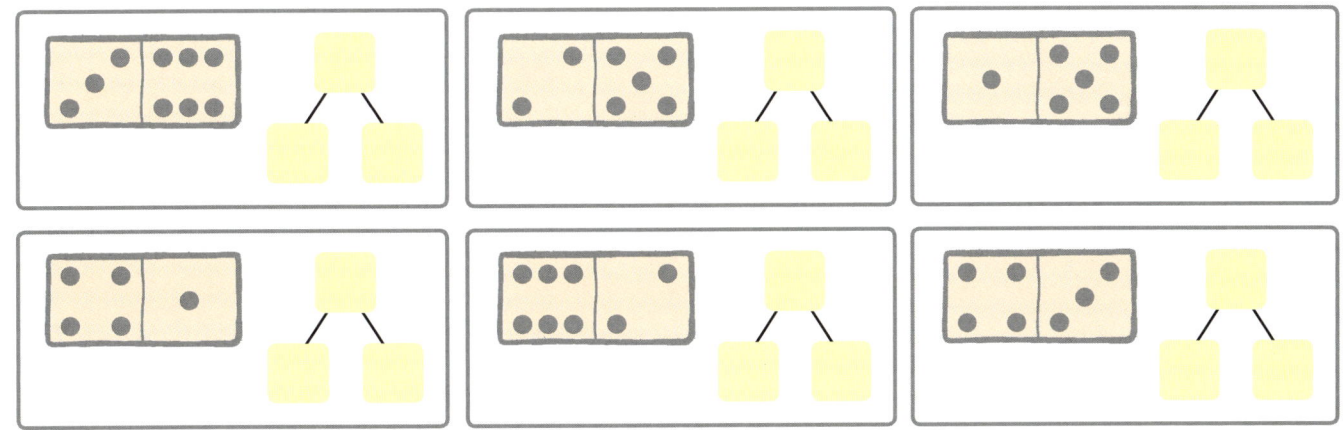

3 Setze <, > oder = richtig ein.

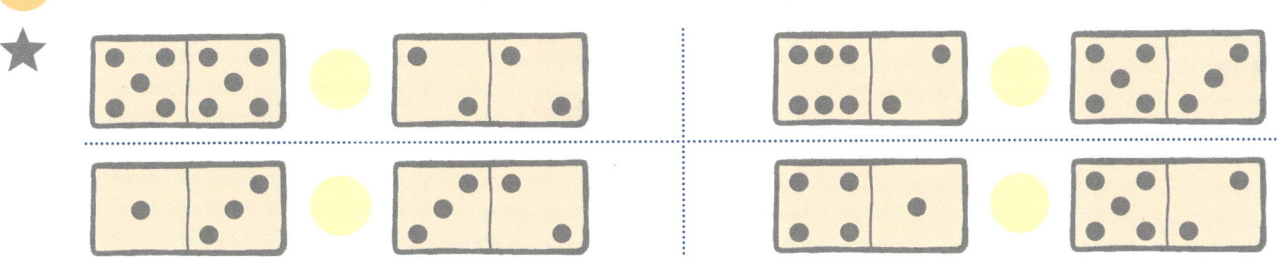

Wiederholung: Zerlegung von Mengen, Mengenvergleich

8. Zusammenrechnen

1 Es werden mehr. Erzähle und rechne.

2 Es werden mehr. Erzähle und rechne.

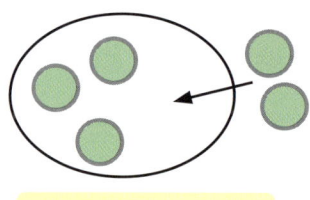

> 3 Edelsteine liegen schon da,
> 2 kommen noch dazu.
> Jetzt sind es 5 Steine.

3 + 2 = 5

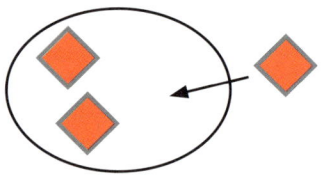

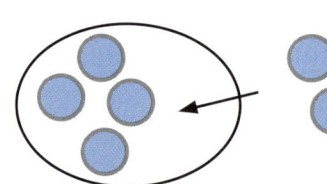

Plusrechnung,
+ plus,
= ist gleich

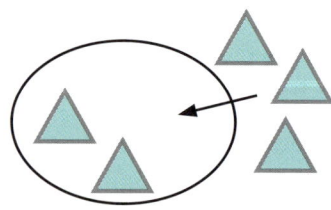

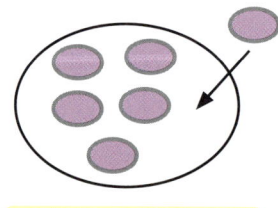

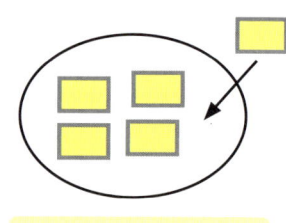

Schreibkurs

3 Schreibe.

Plusrechnen als Hinzufügen zu einer Menge
1) Sprechweise: Zwei Kinder sind auf der Schaukel. Eines kommt dazu. 2 plus 1 ist gleich 3.

8. Zusammenrechnen

1 Finde Plusrechnungen zu den Bildern. Erzähle und rechne.

> 1 grüne Kappe und
> 2 schwarze Kappen.
> Das sind 3 Kappen.

1 + 2 = 3

2 Finde Plusrechnungen zu den Dominosteinen.

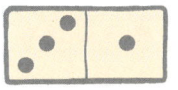   

3 + 1 = 4

3 Zeichne die Punkte in die Dominosteine.

2 + 4 =   3 + 2 =   6 + 2 =   1 + 5 =

4 Finde Plusrechnungen zu den Punktbildern.

Plusrechnung als Zusammenfügen von Mengen

8. Zusammenrechnen

1 Lege und rechne.

4 + 3 =

5 + 1 =

4 + 4 =

5 + 2 =

4 + 5 =

5 + 3 =

2 Rechne.

5 + 2 = 7

3 Lege die Aufgaben und ihre Nachbaraufgaben.

2 + 3 =

2 + 4 =

Nachbaraufgabe

4 + 2 =   1 + 4 =   2 + 4 =   3 + 2 =
4 + 3 =   1 + 5 =   2 + 5 =   3 + 3 =
4 + 4 =   1 + 6 =   2 + 6 =   3 + 4 =

Bleib in Form!

4 Beschrifte die Zahlenbänder.

		3	4				

	5	6	7			

Plusrechnung und Mengendarstellung, Nachbaraufgaben

8. Zusammenrechnen

1 Finde die Plusrechnungen und ihre Tauschaufgaben.
Warum bleibt das Ergebnis gleich?

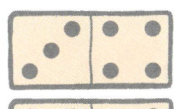 $3 + 4 = 7$

$4 +$

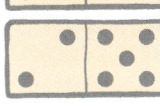

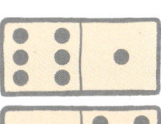

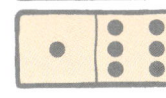

2 Rechne und kontrolliere deine Lösungen.

$4 + 4 = \quad 8$ $6 + 4 =$ $2 + 3 =$ $5 + 3 =$

$1 + 6 =$ $3 + 3 =$ $4 + 3 =$

Lösungen:

5	6	7
7	8 ✓	8
9	9	10
10		

$5 + 5 =$ $2 + 7 =$ $5 + 4 =$

3 Rechne und kontrolliere deine Lösungen.

$2 + 4 =$ $7 + 3 =$ $5 + 2 =$ $3 + 4 =$

$3 + 5 =$ $4 + 5 =$ $6 + 3 =$

Lösungen:

6	6	7
7	8	9
9	9	10
10		

$8 + 1 =$ $1 + 5 =$ $9 + 1 =$

4 Rechne und ergänze die fehlenden Rechnungen.

$1 + 3 =$ $2 + 4 =$ $3 + 2 =$ $4 + 4 =$

$1 + 4 =$ $2 + 3 =$ $3 + 3 =$ $4 + 3 =$

$1 + 5 =$ $2 + 2 =$ $3 + 4 =$ $4 + 2 =$

$\quad + \quad =$ $\quad + \quad =$ $\quad + \quad =$ $\quad + \quad =$

Plusrechnung, Tauschaufgaben

9. Wegrechnen

1 Schreibe zu jedem Bild eine passende Rechnung.

$4 - 1 = 3$

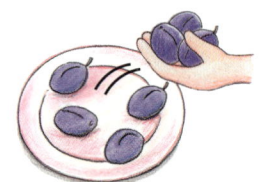

2 Erzähle Geschichten, die zu den Bildern und den Rechnungen passen.

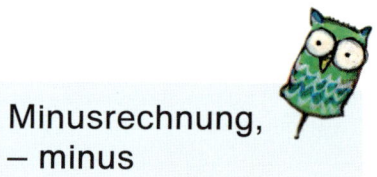
Minusrechnung, – minus

$7 - 2 = $☐

$8 - 3 = $☐

Bleib in Form!

3 Setze <, > oder = richtig ein.

6 ◯ 4	8 ◯ 7	10 ◯ 8	4 ◯ 4	3 ◯ 1
1 ◯ 2	5 ◯ 2	9 ◯ 9	5 ◯ 3	8 ◯ 4

Minusrechnung als Abziehen von einer Menge
1) Sprechweise: 4 Pfirsiche waren in der Schale, einer wird herausgenommen. 4 minus 1 ist gleich 3.

30

9. Wegrechnen

1 Welches Kind hat mehr Kastanien gesammelt? Wie viel mehr?
Rechne und erzähle.

$4 - 3 = 1$

Der Junge hat
1 Kastanie mehr.

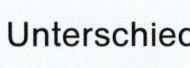

Unterschied

2 Lege und rechne.

$3 - 1 =$ 2 $5 - 2 =$ $5 - 4 =$ $5 - 1 =$

$5 - 3 =$ $4 - 1 =$ $3 - 3 =$ $4 - 2 =$

3 Lege und rechne.

$2 - 2 =$ $6 - 4 =$ $7 - 3 =$ $9 - 4 =$

$8 - 3 =$ $7 - 5 =$ $8 - 8 =$ $6 - 5 =$

$10 - 5 =$ $9 - 3 =$ $6 - 2 =$ $10 - 3 =$

4 Lege und rechne.

$5 - 2 =$ 3 $8 - 3 =$ $4 - 4 =$ $10 - 2 =$

Minusrechnen: Bestimmen der Differenz
1) Sprechweise: Der Junge hat 4 Kastanien, das Mädchen 3. 4 minus 3 ist gleich 1. Der Junge hat eine Kastanie mehr als das Mädchen.
2) Die Kinder legen zuerst die ganze Menge und nehmen dann Plättchen weg.

9. Wegrechnen

1 Lege die Aufgaben und ihre Nachbaraufgaben.

6 − 3 = ☐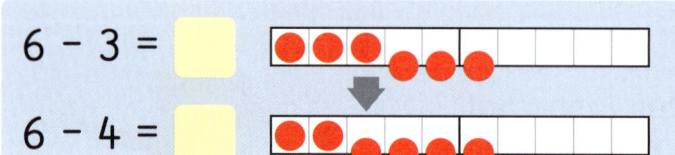
6 − 4 = ☐

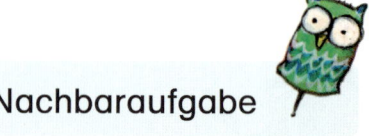
Nachbaraufgabe

8 − 2 = ☐   9 − 2 = ☐   7 − 5 = ☐   5 − 1 = ☐
8 − 3 = ☐   9 − 3 = ☐   7 − 6 = ☐   5 − 2 = ☐

2 Rechne und ergänze die fehlenden Rechnungen.
Erkläre, wie du die fehlenden Rechnungen gefunden hast.

10 − 3 = ☐   10 − 5 = ☐   6 − 2 = ☐   9 − 2 = ☐
10 − 4 = ☐   10 − 4 = ☐   7 − 3 = ☐   8 − 3 = ☐
10 − 5 = ☐   10 − 3 = ☐   8 − 4 = ☐   7 − 4 = ☐
☐ − ☐ = ☐   ☐ − ☐ = ☐   ☐ − ☐ = ☐   ☐ − ☐ = ☐

3 Rechne und kontrolliere deine Lösungen.

10 − 3 = ☐   8 − 1 = ☐   7 − 4 = ☐
9 − 4 = ☐   4 − 3 = ☐   6 − 4 = ☐
7 − 5 = ☐   10 − 5 = ☐   9 − 3 = ☐
3 − 2 = ☐   6 − 1 = ☐   9 − 8 = ☐

Lösungen:

1	1	1	2
2	3	5	5
5	6	7	7

Bleib in Form!

4 Finde passende Zahlen.

4 < ☐   7 = ☐   ☐ > 5   ☐ < 3   ☐ = ☐
8 > ☐   0 < ☐   ☐ = 9   ☐ > 9   ☐ > ☐

Minusrechnen, Nachbaraufgaben
2) Sprechweise: Die erste Zahl bleibt gleich, die zweite Zahl wird um eins größer . . .

32

9. Wegrechnen

1 Finde Rechnungen zu den Punktbildern.

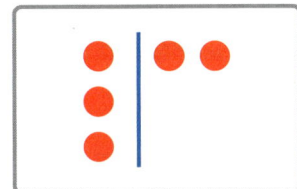

$$3 + 2 = 5$$
$$5 - 2 = 3$$

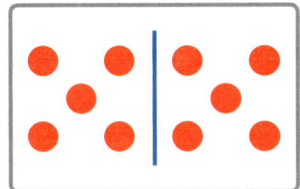

☐ + ☐ = ☐
☐ − ☐ = ☐

Umkehraufgabe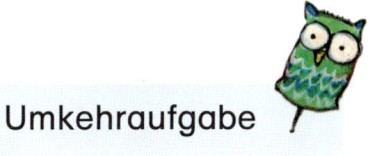

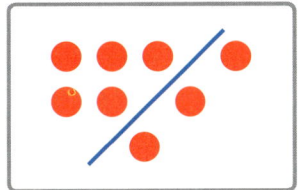

☐ + ☐ = ☐
☐ − ☐ = ☐

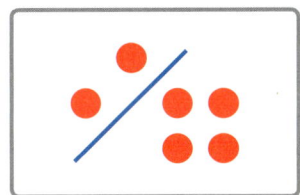

☐ + ☐ = ☐
☐ − ☐ = ☐

☐ + ☐ = ☐
☐ − ☐ = ☐

2 Schreibe zu jedem Bild zwei Rechnungen.

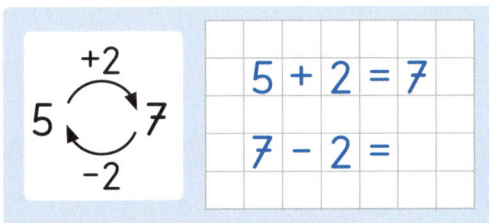

$$5 + 2 = 7$$
$$7 - 2 = $$

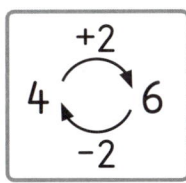

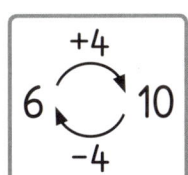

3 Rechne und bilde die Umkehraufgabe.

$$8 - 2 = \boxed{6}$$
$$\boxed{6} + 2 = 8$$

$$7 - 3 = \boxed{}$$
$$\boxed{} = 7$$

$$10 - 4 = \boxed{}$$
$$\boxed{} = 10$$

$$3 + 5 = \boxed{}$$
$$\boxed{} = 3$$

$$2 + 8 = \boxed{}$$
$$\boxed{} = 2$$

$$6 + 3 = \boxed{}$$
$$\boxed{} = 6$$

Plus- und Minusrechnung: Umkehraufgaben
2) Sprechweise: 5 plus 2 ist gleich 7. Nimmt man wieder 2 weg, erhält man wieder 5.

10. Figuren gestalten

1 Zähle die Formen in den Figuren und trage die Ergebnisse in die Tabellen ein.

2	◯ Kreise
	△ Dreiecke
	▭ Vierecke

	◯ Kreise
	△ Dreiecke
	▭ Vierecke

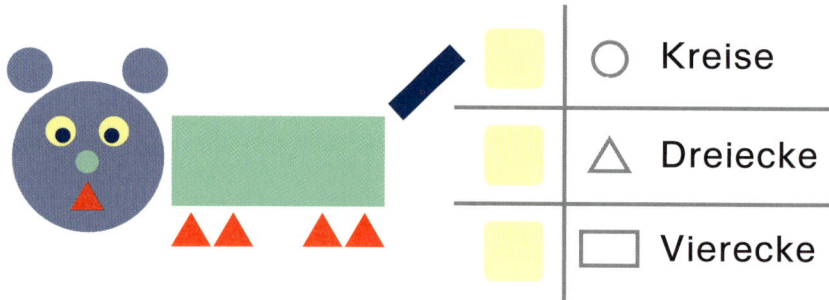

	◯ Kreise
	△ Dreiecke
	▭ Vierecke

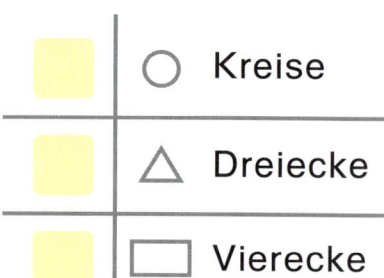

2 Zeichne selbst eine Figur oder ein Muster aus Kreisen, Dreiecken, Rechtecken und Quadraten.

Bleib in Form!

3 Rechne.

3 + 4 =   5 + 1 =   3 + 3 =   5 + 4 =

4 + 5 =   2 + 6 =   1 + 5 =   7 + 2 =

Einfache geometrische Figuren
2) Die Kinder können die Grundformen aus den Stanzvorlagen zum Zeichnen verwenden.

10. Figuren gestalten

1 Male Kreise rot, Dreiecke grün und Vierecke blau an.
Zähle die Formen.

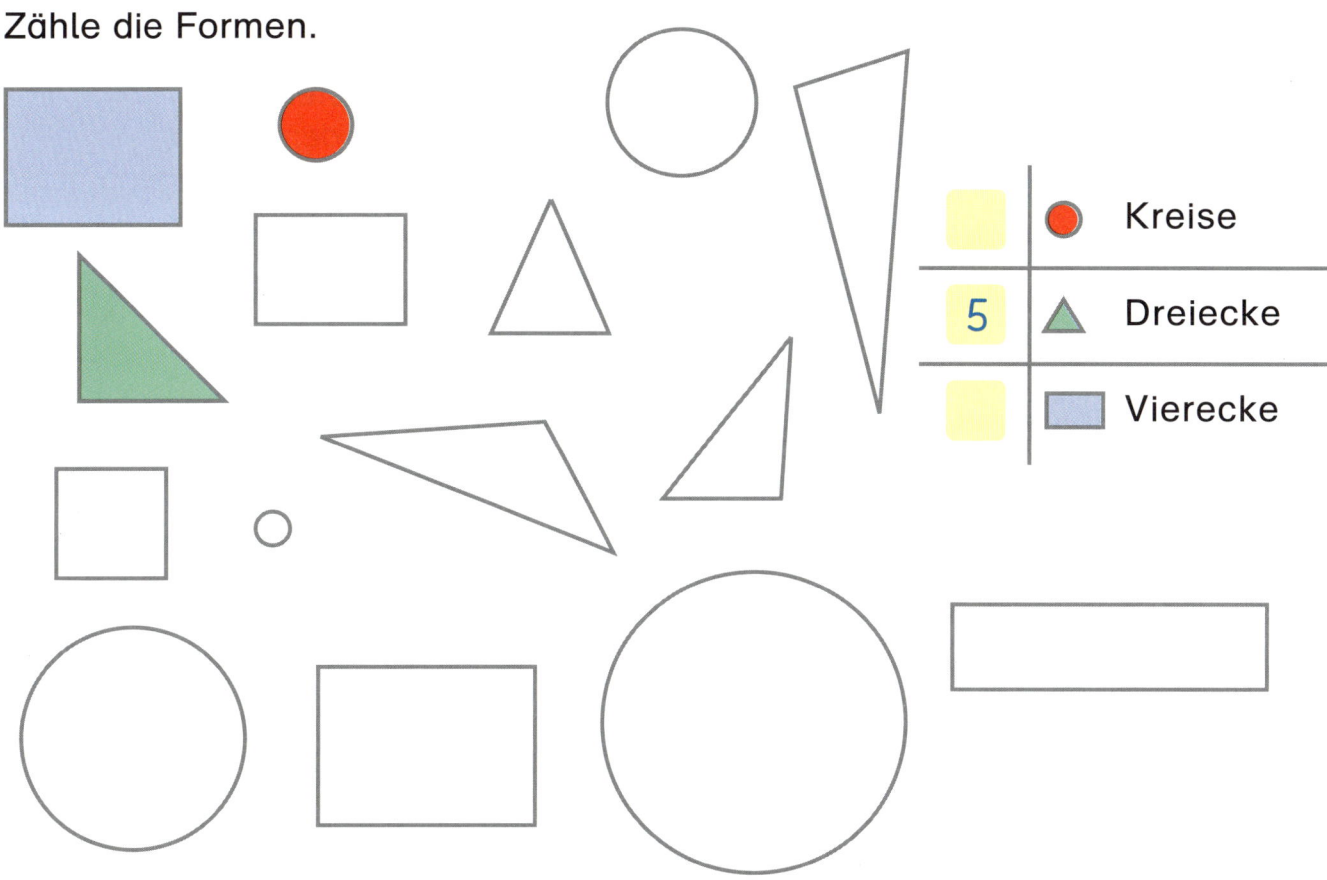

	🔴	Kreise
5	🔺	Dreiecke
	▪	Vierecke

2 Wie viele Ecken und Seiten haben diese Figuren?

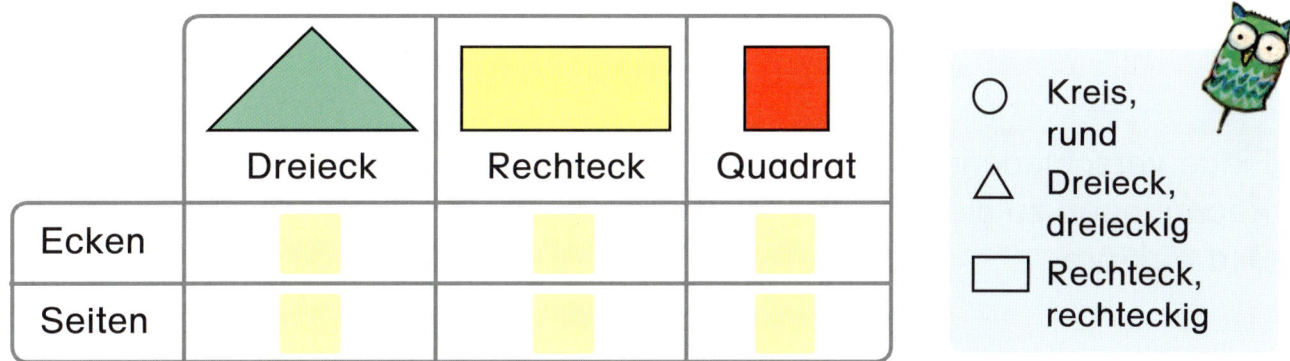

	Dreieck	Rechteck	Quadrat
Ecken			
Seiten			

○ Kreis, rund
△ Dreieck, dreieckig
▭ Rechteck, rechteckig

3 Welche Figuren entdeckst du?

Eigenschaften geometrischer Figuren, Ecke, Seite
3) Die Kinder beschreiben die Figuren. „Ein gelbes Viereck in einem weißen Viereck . . .“

11. Wie viel fehlt?

1 Finde zu jeder Aufgabe eine Plus- und eine Minusrechnung. Erzähle.

3 Äpfel liegen
auf dem Teller.
2 werden dazugelegt.
Jetzt sind es 5.

5 Äpfel waren
auf dem Teller.
2 werden weggenommen.
Jetzt sind es 3.

$3 + 2 = 5$

$5 - 2 = 3$

2 Finde verschiedene Rechnungen zu diesem Bild. Erkläre.

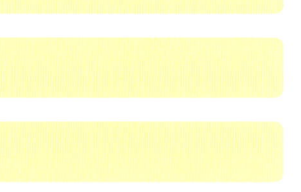

Bleib in Form!

3 Auf einen Blick: Schreibe die Zahlen.

Rechengeschichten finden
2) „Auf der Torte sind 8 Kerzen. 3 wurden ausgeblasen." $8 - 3 = 5$. Verschiedene Lösungen sind möglich.

11. Wie viel fehlt?

1 Ergänze die Kugeln in der linken Schale. Ergänze die Rechnungen.

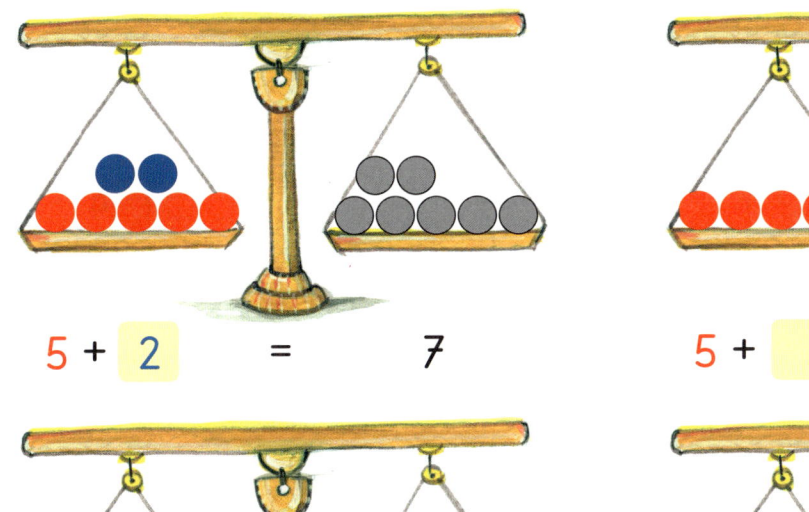
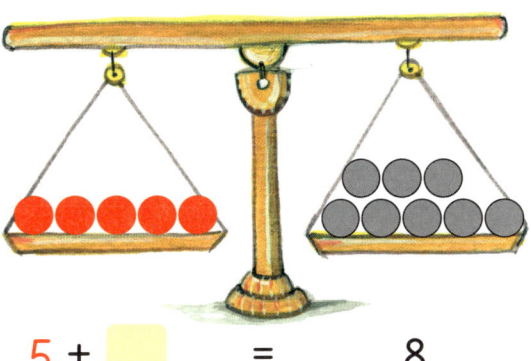

$5 + 2 = 7$ $5 + \boxed{} = 8$

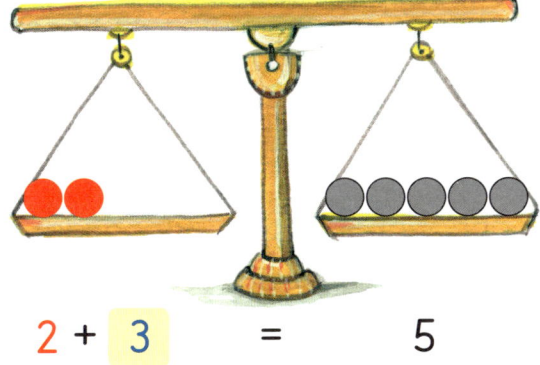
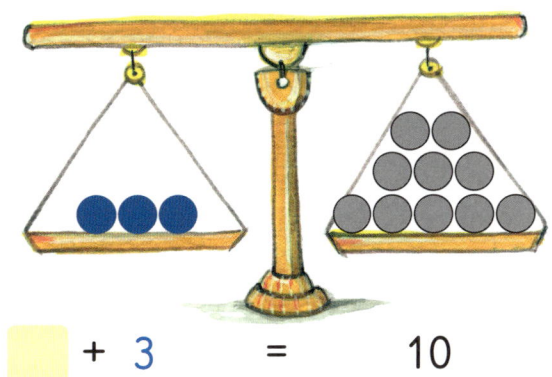

$2 + 3 = 5$ $\boxed{} + 3 = 10$

2 Lege und rechne.

$2 + \boxed{3} = 5$ $4 + \boxed{} = 8$ $1 + \boxed{} = 3$

$\boxed{} + 2 = 7$ $\boxed{} + 3 = 10$ $\boxed{} + 4 = 7$

$\boxed{} + 1 = 5$ $\boxed{} + 4 = 10$ $5 + \boxed{} = 9$

3 Rechne. Was fällt dir auf?

$\boxed{} + 3 = 10$ | $\boxed{} + 2 = 8$ | $\boxed{} + 7 = 9$ | $\boxed{} + 1 = 7$

$10 - 3 = \boxed{}$ | $8 - 2 = \boxed{}$ | $9 - 7 = \boxed{}$ | $7 - 1 = \boxed{}$

Ergänzungsaufgaben
1) Sprechweise: 5 plus wie viel ist gleich 7? 5 plus 2 ist gleich sieben.
3) Umkehraufgaben

11. Wie viel fehlt?

1 Zerlege die Zahlen.
Zeichne und rechne.

10

●●●●● ●●●●●	8 + 2
●●●●● ●●●●●	+ 5
○○○○○ ○○○○○	9 +
○○○○○ ○○○○○	7 +

5

●●●●●	+ 3
●●●●●	1 +
○○○○○	4 +
○○○○○	3 +

9

●●●●● ●●●●	5 +
●●●●● ●●●●	4 +
○○○○○ ○○○○	+ 7
○○○○○ ○○○○	6 +

6

●●●●● ●	3 +
●●●●● ●	2 +
○○○○○ ○	+ 4
○○○○○ ○	5 +

8

●●●●● ●●●	+ 2
●●●●● ●●●	4 +
○○○○○ ○○○	7 +
○○○○○ ○○○	+ 5

7

●●●●● ●●	2 +
●●●●● ●●	+ 3
○○○○○ ○○	1 +
○○○○○ ○○	5 +

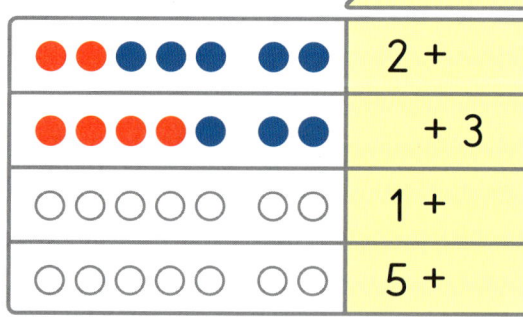

Bleib in Form!

2 Auf einen Blick: Schreibe die Zahlen.

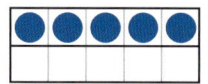 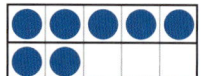 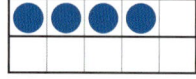 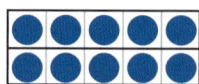 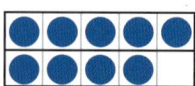 

Ergänzungsaufgaben

11. Wie viel fehlt?

1 Ergänze die Zahlenhäuser.

10
2 + 8
5 +
+ 4
1 +

10
7 +
9 +
+ 6
+ 3

10
+ 5
3 +
+ 0
+

10
6 +
+ 7
+ 9
+

2 Rechne.

$3 - \boxed{1} = 2$

$6 - \boxed{} = 5$

$7 - \boxed{} = 1$

$10 - \boxed{} = 9$

$7 - \boxed{} = 4$

$10 - \boxed{} = 4$

$9 - \boxed{} = 5$

$8 - \boxed{} = 5$

$8 - \boxed{} = 6$

$5 - \boxed{} = 1$

$6 - \boxed{} = 2$

$7 - \boxed{} = 4$

3 Rechne und ergänze die fehlenden Rechnungen.
Erkläre, wie du die fehlenden Rechnungen gefunden hast.

$10 - 3 = \boxed{}$ $6 - 2 = \boxed{}$ $10 - 5 = \boxed{}$ $9 - 2 = \boxed{}$

$10 - 4 = \boxed{}$ $7 - 3 = \boxed{}$ $10 - 4 = \boxed{}$ $8 - 3 = \boxed{}$

$10 - 5 = \boxed{}$ $8 - 4 = \boxed{}$ $10 - 3 = \boxed{}$ $7 - 4 = \boxed{}$

$\boxed{} - \boxed{} = \boxed{}$ $\boxed{} - \boxed{} = \boxed{}$ $\boxed{} - \boxed{} = \boxed{}$ $\boxed{} - \boxed{} = \boxed{}$

4 Rechne und ergänze die fehlenden Rechnungen.

$10 - 2 = \boxed{}$ $4 - 4 = \boxed{}$ $7 - 3 = \boxed{}$ $8 - 2 = \boxed{}$

$10 - 3 = \boxed{}$ $4 - 3 = \boxed{}$ $6 - 3 = \boxed{}$ $7 - 3 = \boxed{}$

$10 - 4 = \boxed{}$ $4 - 2 = \boxed{}$ $5 - 3 = \boxed{}$ $6 - 4 = \boxed{}$

$\boxed{} - \boxed{} = \boxed{}$ $\boxed{} - \boxed{} = \boxed{}$ $\boxed{} - \boxed{} = \boxed{}$ $\boxed{} - \boxed{} = \boxed{}$

Ergänzung in Plus- und Minusaufgaben

12. Auf dem Zahlenweg

1 Im Bild sind Zahlen versteckt. Finde sie und schreibe sie in die Kästchen.

2 Beschrifte das Zahlenband.

		3								14			

3 Ergänze die Zahlenbänder.

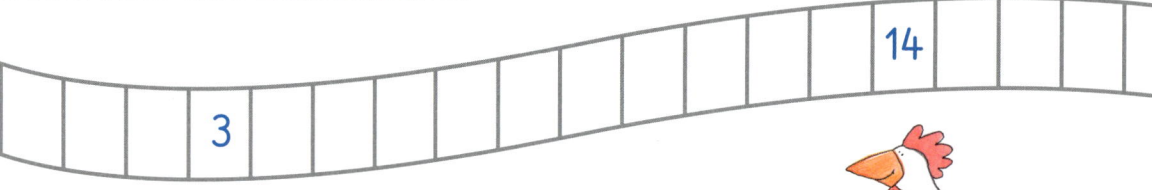

1	2			

	10		

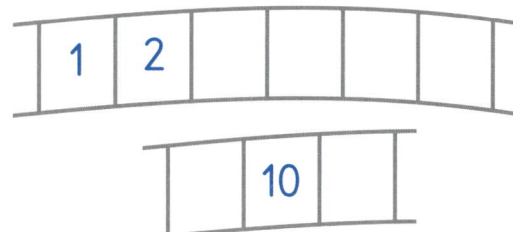

0	1	2		

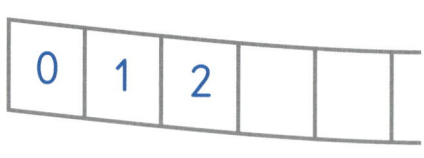

Bleib in Form!

4 Rechne.

10 − 1 = ☐   5 − 2 = ☐   9 − 6 = ☐   6 − 1 = ☐

3 − 1 = ☐   7 − 3 = ☐   8 − 5 = ☐   7 − 5 = ☐

Erweiterung des Zahlenraums bis 20

1 Zähle. Beschreibe, wie dir die Zehnergruppen beim Zählen helfen.

2 Zähle. Beschreibe, wie dir die Fünfergruppen beim Zählen helfen.

3 Wie viele Euro sind das?

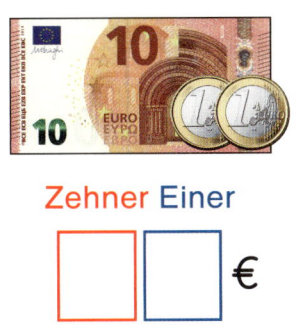

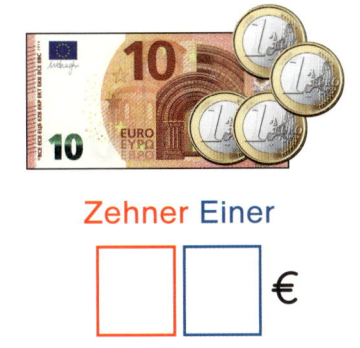

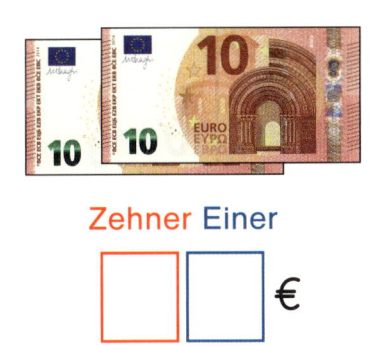

Zehner Einer   Zehner Einer   Zehner Einer

☐ ☐ €   ☐ ☐ €   ☐ ☐ €

Zahlenraum 20, 10er- und 5-er-Bündelung
2) Sprechweise: fünf, zehn, fünfzehn, achtzehn.

41

12. Auf dem Zahlenweg

1 Stelle die Zahlen im Zwanzigerfeld dar.

11	18	17
15	16	14
12	13	19

2 Wie heißt die Zahl?

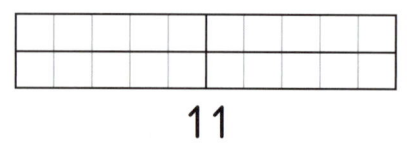 13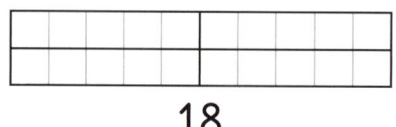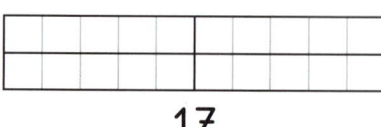

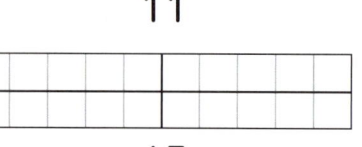 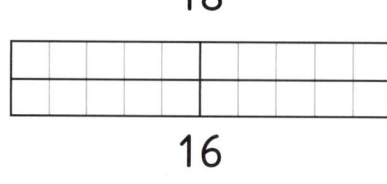 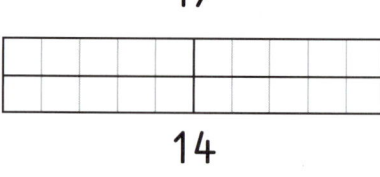

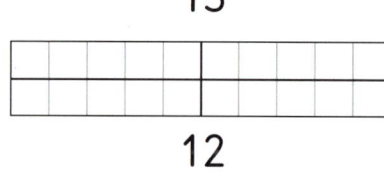 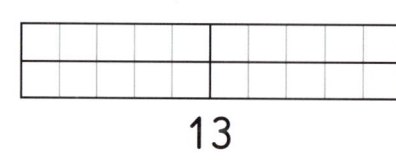

3 Finde die Nachbarzahlen.

| | 14 | | | 11 | | | 19 | | | 17 | |
| | 13 | | | 15 | | | 16 | | | 12 | |

Bleib in Form!

4 Rechne.

2 + 3 =   8 + 2 =   5 + 4 =   3 + 6 =

8 + 1 =   7 + 1 =   4 + 3 =   6 + 2 =

3 + 3 =   4 + 2 =   1 + 6 =   7 + 2 =

Zahlen im Zwanzigerfeld, Nachbarzahlen
1) Verschiedene Lösungen sind möglich.

13. Rätsel lösen

1 Für welche Zahlen stehen die Symbole?

⭐ 🟩 + 2 = 5   🔺 + 🔺 = 2

🟩 + 🔺 = ⚫

🟩 = ⬜   🔺 = ⬜   ⚫ =

2 Für welche Zahlen stehen die Symbole?

⭐ ✌️ = ⬜   ❄️ = ⬜   ⭐ = ⬜   ♠️ = ⬜

✌️ + ❄️ = ✌️   ⭐ + ✌️ = 3   ✌️ − ⭐ = 1   ✌️ + ✌️ = ♠️

3 Ergänze die Zahlenreihen und beschreibe sie.

1	2	3								

10	9	8								

0	2	4								

15	14	13								

4 Leon hat die Reihen in den gelben Feldern ergänzt.
Welche Fehler hat er gemacht? Berichte.

1	3	5	7	8	9	10

0	5	18	19	20

5 Setze das Muster fort.

⭐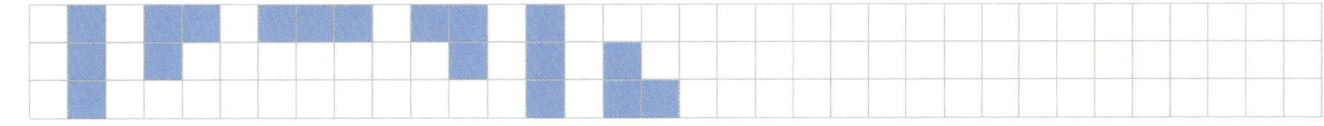

Arbeit mit Platzhaltern, Zahlenreihen
5) Das Muster kann auf unterschiedliche Weisen fortgeführt werden: Verschiedene Arten der Spiegelung, Wiederholung, . . .

13. Rätsel lösen

1 Setze die Reihen fort. Zeichne die richtige Augenzahl in die leeren Dominosteine. Beschreibe die Reihen.

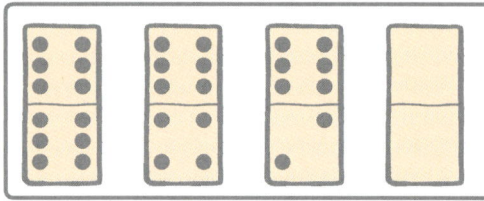
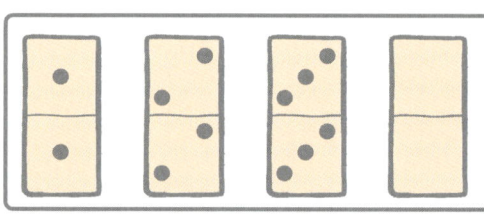

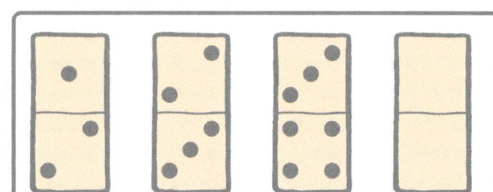

2 Welcher Dominostein passt nicht in die Reihe? Warum?

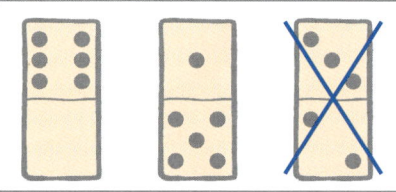

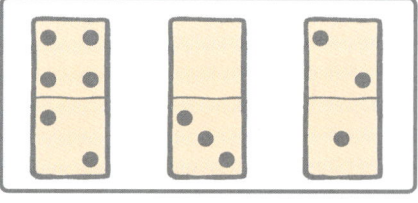

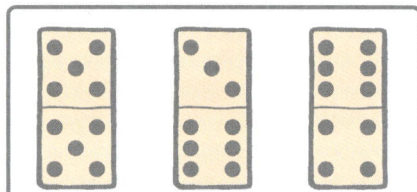
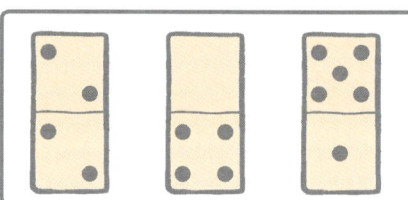
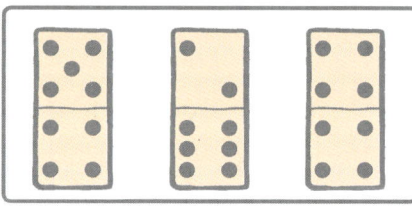

3 Wie viele verschiedene Dominosteine gibt es, die insgesamt 6 Punkte zeigen? Finde alle Möglichkeiten.

Bleib in Form!

4 Ergänze die Zahlen in den Zahlenhäusern.

5	5	10	10	10
3 +	+ 1	+ 6	5 +	8 +
+ 2	4 +	2 +	0 +	7 +

13. Rätsel lösen

1 Löse das Sudoku.

1		2	3
3	2	4	
2			4
4	3	1	

Und so geht's!

1		2	3
3	2	4	1
2			4
4	3	1	

1		2	3
3	2	4	
2		3	4
4	3	1	

1	4	2	3
3	2	4	
2			4
4	3	1	

2 Löse die Sudokus.

2	3	4	
	1	2	3
1			2
3	2	1	

1		3	4
3	4	2	
2	1		3
		3	1

	2		3
4		2	
		1	4
3		1	

3 Löse die Sudokus.

4			2
3			1
	3	1	
	4	2	

3			
	1	3	2
	3	4	
1			

	3	2	
1			4
	4	1	
	2		

Muster und Strukturen, Sudoku

1 Wie viele Schulsachen haben die Kinder? Schreibe die Rechnungen.

📘	4
🧹	1
✏️	5
🔩	2

📕	5
🧹	1
✏️	4
🔩	1

📘	4 + 5 = 9
🧹	
✏️	
🔩	

2 Rechne und kontrolliere deine Lösungen.

2 + 8 =   4 + 3 =   9 + 0 =   3 + 3 =

6 + 1 =   5 + 3 =   2 + 4 =

0 + 4 =   2 + 7 =   4 + 6 =

Lösungen:

4	6	6	7
7	8	9	9
10	10		

3 Rechne. Beschreibe, was die Rechenpakete gemeinsam haben.

1 + 0 =   2 + 2 =   8 + 2 =   3 + 2 =

4 + 0 =   3 + 3 =   6 + 4 =   3 + 5 =

7 + 0 =   4 + 4 =   4 + 6 =   3 + 7 =

9 + 0 =   5 + 5 =   2 + 8 =   3 + 1 =

Bleib in Form!

4 Schreibe <, > oder = richtig in die Kreise.

2 < 3   1 ◯ 5   4 ◯ 0   2 ◯ 5   1 ◯ 0

4 ◯ 12   3 ◯ 2   6 ◯ 6   5 ◯ 6   3 ◯ 3

Wiederholung: Einfache Plusrechnungen

14. Das kann ich schon!

1 Wenn man einen Dominostein umdreht, ändert sich seine Punktezahl nicht. Schreibe die passenden Plusrechnungen.

2 + 3 = 3 + 2

___ = ___

___ = ___

___ = ___

___ = ___

___ = ___

2 Rechne und bilde die Tauschaufgabe.

6 + 3 = 9
3 + 6 = 9

2 + 8 =

1 + 5 =

8 + 1 =

3 + 1 =

4 + 5 =

5 + 3 =

7 + 2 =

2 + 3 =

6 + 1 =

4 + 2 =

5 + 2 =

3 Zähle die Dreiecke, Kreise und Vierecke in den Bildern.

3 ◯ Kreise

△ Dreiecke

▢ Vierecke

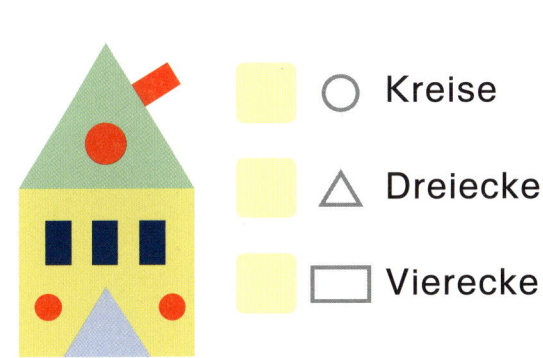

◯ Kreise

△ Dreiecke

▢ Vierecke

Wiederholung: Tauschaufgaben, geometrische Formen

14. Das kann ich schon!

1 Lege und rechne.

10 − 4 = 6   8 − 5 =   4 − 1 =   8 − 4 =

2 − 2 =   7 − 2 =   9 − 4 =   3 − 2 =

5 − 3 =   6 − 4 =   7 − 0 =   10 − 3 =

2 Rechne und kontrolliere deine Lösungen.

10 − 4 =   8 − 5 =   9 − 3 =

10 − 6 =   7 − 5 =   8 − 2 =

10 − 8 =   6 − 5 =   7 − 1 =

Lösungen:

1	2	2	3
4	6	6	6

6

3 Schreibe zu jedem Bild zwei Rechnungen.

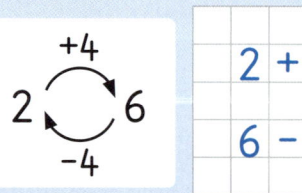

2 + 4 = 6

6 − 4 = 2

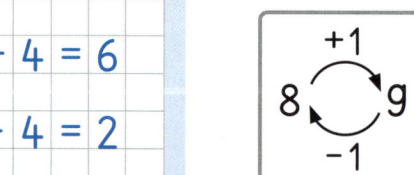

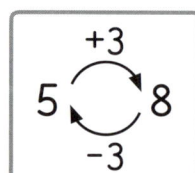

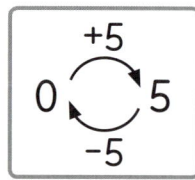

Bleib in Form!

4 Schreibe <, > oder = richtig in die Kreise.

4 + 3 ◯ 5   8 − 5 ◯ 3   6 + 4 ◯ 2

9 − 5 ◯ 4   4 + 4 ◯ 10   7 − 7 ◯ 10

5 + 5 ◯ 10   6 − 4 ◯ 10   9 − 2 ◯ 6

10 − 5 ◯ 3   7 + 3 ◯ 10   6 − 1 ◯ 4

Wiederholung: Minusrechnungen, Umkehraufgaben

14. Das kann ich schon!

1 Ergänze die Zahlenbänder.

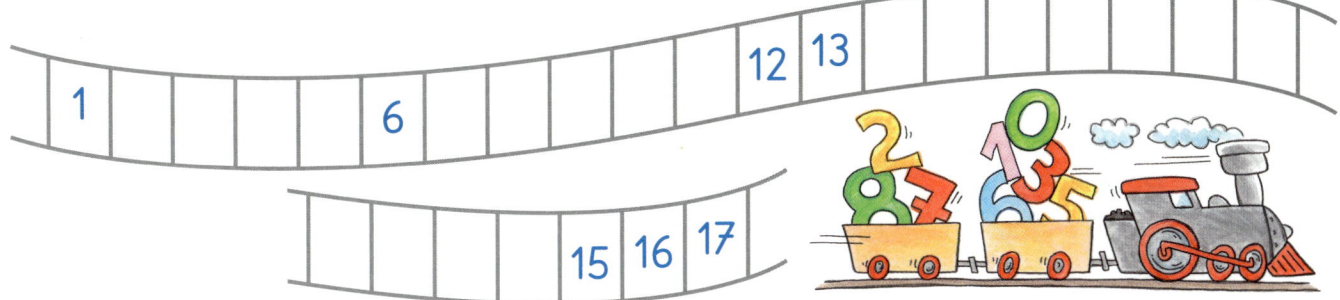

2 Auf einen Blick: Schreibe die Zahlen.

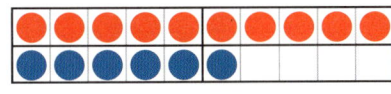

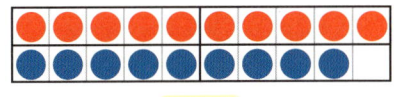

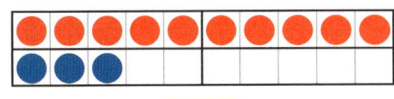

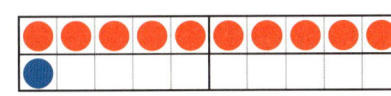

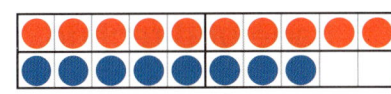

3 Für welche Zahlen stehen die Symbole?

★ ▲ + ▲ = 8   ■ − ● = 6   ■ = [ ]   ▲ = [ ]   ● = [ ]

3 + ● = 3   ▲ + ■ = [ ]

4 Löse die Sudokus.

1	4	2	
	3		1
4		3	2
3			4

3		2	1
1		3	4
4		1	
		4	3

2		1	4
	4		
3	2		
		2	3

Wiederholung: Zahlenraum 20, Platzhalter, Sudoku

1 Lege und rechne. Was fällt dir auf?

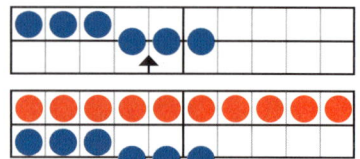

$$3 + 3 = 6$$
$$13 + 3 = 16$$

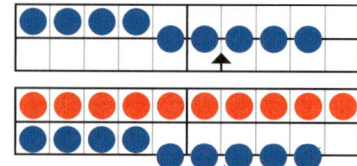

2 Rechne. Was fällt dir auf?

$2 + 1 = 3$　　$3 + 5 = $　　$7 + 2 = $　　$0 + 5 = $
$12 + 1 = $　　$13 + 5 = $　　$17 + 2 = $　　$10 + 5 = $

$6 + 3 = $　　$2 + 2 = $　　$5 + 5 = $　　$4 + 3 = $
$16 + 3 = $　　$12 + 2 = $　　$15 + 5 = $　　$14 + 3 = $

3 Lege und rechne. Was fällt dir auf?

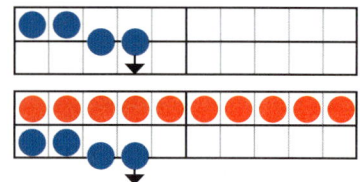

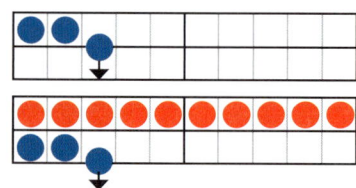

4 Rechne. Was fällt dir auf?

$5 - 4 = 1$　　$9 - 1 = $　　$7 - 0 = $　　$4 - 3 = $
$15 - 4 = $　　$19 - 1 = $　　$17 - 0 = $　　$14 - 3 = $

$2 - 1 = $　　$5 - 4 = $　　$7 - 2 = $　　$6 - 6 = $
$12 - 1 = $　　$15 - 4 = $　　$17 - 2 = $　　$16 - 6 = $

Bleib in Form!

5 Setze das Muster fort.

Rechnen im Zahlenraum 20, Analogien

1 Rechne und kontrolliere deine Lösungen.

13 + 2 = ☐   10 + 5 = ☐   17 + 1 = ☐   6 + 3 = ☐

11 + 5 = ☐   16 + 4 = ☐   7 + 3 = ☐   18 + 1 = ☐

Lösungen: | 9 | 10 | 15 | 15 | 16 | 18 | 19 | 20 |

2 Rechne und kontrolliere deine Lösungen.

9 + 0 = ☐   13 + 5 = ☐   18 + 2 = ☐   6 + 4 = ☐

12 + 5 = ☐   1 + 4 = ☐   3 + 7 = ☐   17 + 3 = ☐

16 + 4 = ☐   11 + 6 = ☐   15 + 4 = ☐   5 + 10 = ☐

Lösungen: | 5 | 9 | 10 | 10 | 15 | 17 | 17 | 18 | 19 | 20 | 20 | 20 |

3 Rechne und kontrolliere deine Lösungen.

12 − 0 = ☐   16 − 3 = ☐   10 − 10 = ☐   18 − 0 = ☐

15 − 1 = ☐   6 − 4 = ☐   7 − 2 = ☐   14 − 2 = ☐

Lösungen: | 0 | 2 | 5 | 12 | 12 | 13 | 14 | 18 |

4 Rechne und kontrolliere deine Lösungen.

9 − 0 = ☐   12 − 1 = ☐   17 − 3 = ☐   6 − 4 = ☐

16 − 2 = ☐   4 − 1 = ☐   18 − 2 = ☐   19 − 2 = ☐

13 − 1 = ☐   16 − 5 = ☐   15 − 4 = ☐   15 − 3 = ☐

Lösungen: | 2 | 3 | 9 | 11 | 11 | 11 | 12 | 12 | 14 | 14 | 16 | 17 |

5 Rechne und ergänze die fehlenden Rechnungen.

15 + 2 = ☐   10 + 1 = ☐   11 + 3 = ☐   12 + 4 = ☐

15 + 3 = ☐   10 + 3 = ☐   13 + 3 = ☐   12 + 3 = ☐

15 + 4 = ☐   10 + 5 = ☐   15 + 3 = ☐   12 + 2 = ☐

☐ + ☐ = ☐   ☐ + ☐ = ☐   ☐ + ☐ = ☐   ☐ + ☐ = ☐

15. Rechnen bis 20

1 Finde Rechnungen zu diesen Bildern. Erkläre.

12 + 4 =

2 Finde Rechnungen zu diesen Bildern. Erkläre.

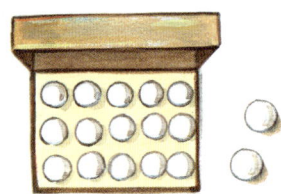

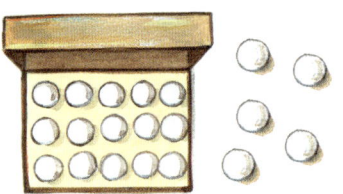

Bleib in Form!

3 Ergänze die Zahlen in den Zahlenhäusern.

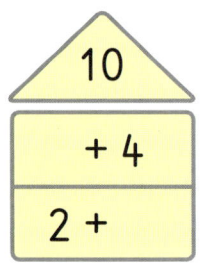

10
6 +
8 +

10
+ 4
2 +

15
+ 8
4 +

20
14 +
13 +

20
16 +
15 +

Rechnen im Zahlenraum 20, Bündelungen

1 Rechne und schreibe die Tauschaufgaben.

5 + 4 = 9	6 + 3 = 9	8 + 2 =	5 + 1 =
4 + 5 =	3 + 6 =	+ =	+ =

10 + 3 =	10 + 7 =	12 + 2 =	11 + 4 =
+ =	+ =	+ =	+ =

2 Ergänze auf 15.

14 + 1 = 15

10 + = 15

12 + = 15

3 Ergänze auf 20.

13 + = 20

18 + = 20

15 + = 20

4 Ergänze die Rechnungen.

16 + = 18	+ 2 = 14	18 − = 15	− 2 = 16
12 + = 13	+ 5 = 18	15 − = 10	− 5 = 12
14 + = 19	+ 2 = 16	16 − = 16	− 3 = 15
13 + = 20	+ 4 = 17	19 − = 18	− 4 = 16

5 Rechne und bilde die Umkehraufgabe.

15 + 3	1 5 + 3 = 1 8	15 + 1	16 + 3	10 + 1	18 + 2
	1 8 − 3 = 1 5	14 + 3	14 + 1	19 + 1	14 + 2

16. Spiegelbilder

Symmetrie, symmetrisch, Symmetrieachse

1 Male die Schmetterlinge so an, dass sie symmetrisch sind.

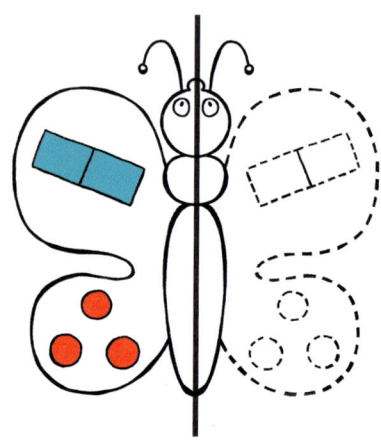  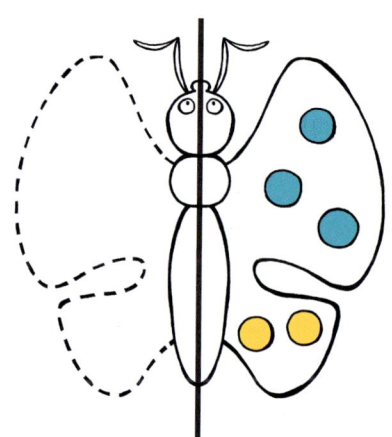

2 Zeichne die Spiegelbilder fertig. Was zeigen sie?

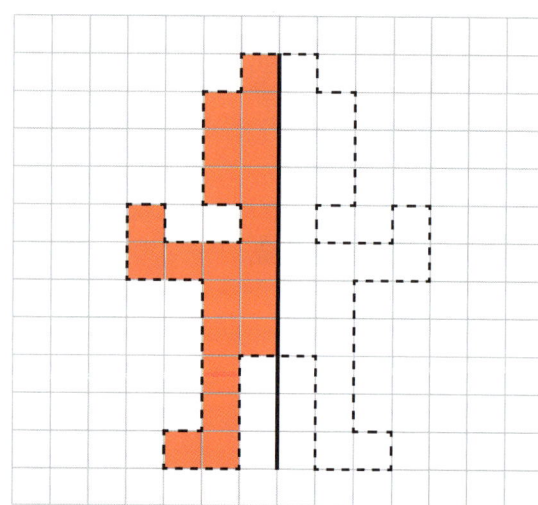 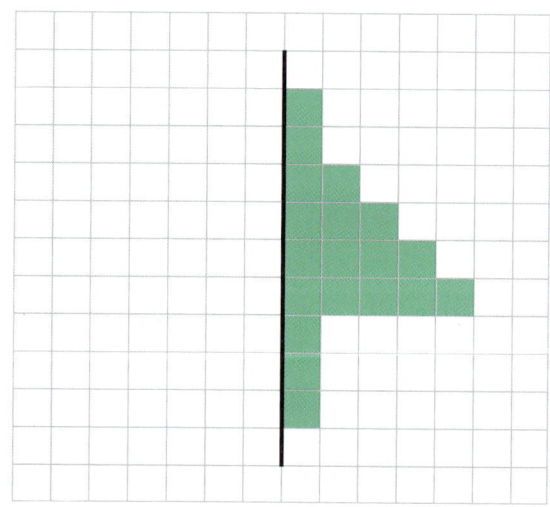

Bleib in Form!

3 Zähle weiter in 2er-Schritten.

a) Vorwärts: 0 2 4

b) Vorwärts: 1 3 5

c) Rückwärts: 20 18 16

d) Rückwärts: 19 17 15

Raum und Form: Symmetrie

54

16. Spiegelbilder

1 Zeichne die Spiegelbilder. Zähle die Punkte und schreibe die Rechnungen.

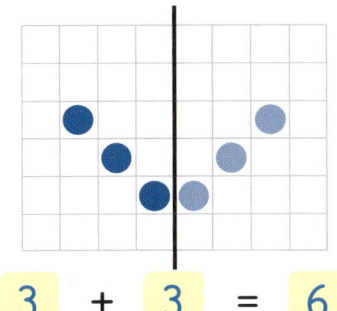

| 3 | + | 3 | = | 6 |

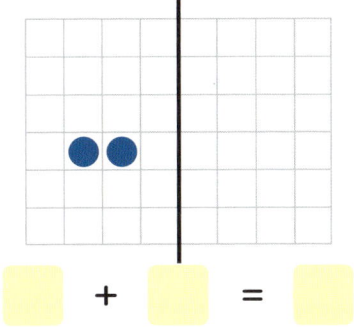

| ☐ | + | ☐ | = | ☐ |

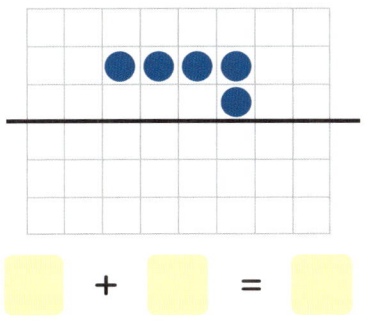

| ☐ | + | ☐ | = | ☐ |

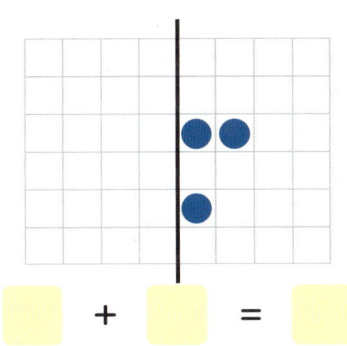

| ☐ | + | ☐ | = | ☐ |

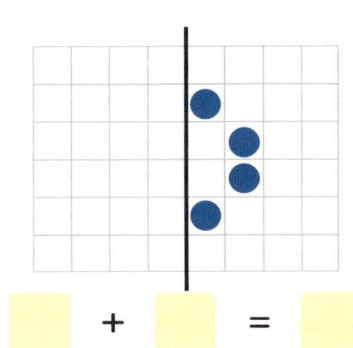

| ☐ | + | ☐ | = | ☐ |

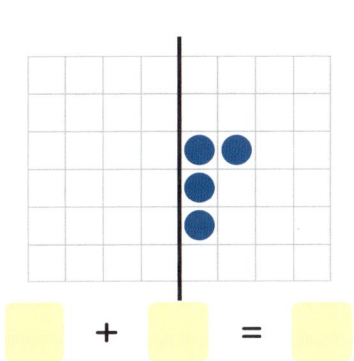

| ☐ | + | ☐ | = | ☐ |

2 Lege, zeichne und rechne.

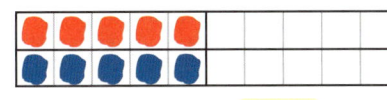

5 + 5 = ☐   8 + 8 = ☐   10 + 10 = ☐

3 Ergänze die Tabellen.

verdoppeln, das Doppelte

Zahl	3	1	2	5	4
das Doppelte	6				

Zahl	2	4	5	3	1
das Doppelte					

Verdoppeln

1 Lege, zeichne und rechne.

5 + 5 = **10**

5 + 6 = **11**

7 + 7 =

7 + 8 =

9 + 9 =

9 + 10 =

6 + 6 =

6 + 7 =

8 + 8 =

8 + 9 =

10 + 10 =

10 + 9 =

2 Rechne. Nutze die Nachbaraufgabe.

5 + 5 =	8 + 8 =	9 + 9 =
5 + 6 =	8 + 7 =	9 + 10 =
10 + 10 =	6 + 6 =	7 + 7 =
10 + 9 =	6 + 7 =	7 + 8 =
6 + 6 =	8 + 8 =	7 + 7 =
6 + 5 =	8 + 9 =	7 + 6 =

Wenn du die Verdopplung gelöst hast, ist die Nachbaraufgabe ganz leicht!

Bleib in Form!

3 Rechne.

3 + 3 =   5 + 5 =   8 + 8 =   2 + 2 =

10 + 10 =   4 + 4 =   7 + 7 =   9 + 9 =

Plusrechnen über den Zehner, Verdoppeln und eins weiter

17. Rechenwege für Plusaufgaben

1 Lege und rechne.

●●●●●●|●●●●
$6 + \boxed{4} = 10$

●●●|●●●●●●●
$3 + \boxed{} = 10$

●●●●●|●●●●●
$5 + \boxed{} = 10$

●●●●|●●●●●●
$4 + \boxed{} = 10$

●●●●●●●●|●●
$8 + \boxed{} = 10$

●●●●●●●●●|●
$9 + \boxed{} = 10$

●●|●●●●●●●●
$2 + \boxed{} = 10$

●|●●●●●●●●●
$1 + \boxed{} = 10$

2 Rechne zuerst bis 10, dann weiter.

$9 + 3 = \boxed{12}$
$\boxed{1} \quad \boxed{2}$

$8 + 6 = \boxed{}$
$\boxed{} \quad \boxed{}$

$7 + 7 = \boxed{}$
$\boxed{} \quad \boxed{}$

$7 + 5 = \boxed{}$
$\boxed{} \quad \boxed{}$

$7 + 8 = \boxed{}$
$\boxed{} \quad \boxed{}$

$9 + 6 = \boxed{}$
$\boxed{} \quad \boxed{}$

$8 + 9 = \boxed{}$
$\boxed{} \quad \boxed{}$

$5 + 9 = \boxed{}$
$\boxed{} \quad \boxed{}$

$8 + 5 = \boxed{}$
$\boxed{} \quad \boxed{}$

$6 + 9 = \boxed{}$
$\boxed{} \quad \boxed{}$

$8 + 4 = \boxed{}$
$\boxed{} \quad \boxed{}$

$6 + 5 = \boxed{}$
$\boxed{} \quad \boxed{}$

3 Rechne und kontrolliere deine Lösungen.

$6 + 9$
$6 + 9 = 15$
$4 \quad 5$

$6 + 5$	$8 + 8$	$6 + 9$	$8 + 4$
$8 + 9$	$7 + 9$	$9 + 5$	$6 + 8$
$7 + 5$	$8 + 3$	$7 + 6$	$9 + 4$

Lösungen: | 11 | 11 | 12 | 12 | 13 | 13 | 14 | 14 | 15 | 15 | 16 | 16 | 17 |

4 Rechne und kontrolliere deine Lösungen.

$8 + 3 = \boxed{}$
$7 + 7 = \boxed{}$
$5 + 4 = \boxed{}$
$9 + 6 = \boxed{}$

$9 + 4 = \boxed{}$
$5 + 7 = \boxed{}$
$6 + 8 = \boxed{}$
$3 + 6 = \boxed{}$

$6 + 7 = \boxed{}$
$8 + 2 = \boxed{}$
$4 + 9 = \boxed{}$
$8 + 7 = \boxed{}$

$8 + 1 = \boxed{}$
$3 + 4 = \boxed{}$
$5 + 8 = \boxed{}$
$9 + 2 = \boxed{}$

Lösungen: | 7 | 9 | 9 | 9 | 10 | 11 | 11 | 12 | 13 | 13 | 13 | 13 | 14 | 14 | 15 | 15 |

Plusrechnen über den Zehner, Ergänzen auf den Zehner

1 Rechne und ergänze die fehlenden Rechnungen.

9 + 5 =	8 + 2 =	7 + 3 =	5 + 9 =
9 + 4 =	8 + 3 =	7 + 4 =	5 + 7 =
9 + 3 =	8 + 4 =	7 + 5 =	5 + 5 =
9 + 2 =	8 + 5 =	7 + 6 =	5 + 3 =
☐ + ☐ = ☐	☐ + ☐ = ☐	☐ + ☐ = ☐	☐ + ☐ = ☐

2 Rechne die Würfelpunkte zusammen. Rechne geschickt.

$$5 + 5 + 3 =$$
$$10 + 3 = 13$$

Wenn möglich, suche ich Zehner.

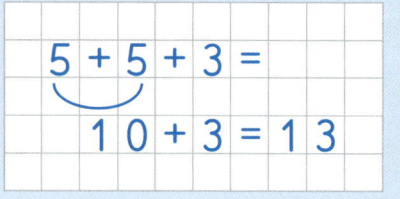

  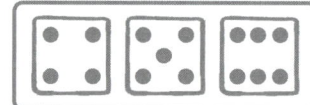 

Bleib in Form!

3 Ergänze die Zahlenhäuser.

10	20	10	20
5 + 5	15 + 5	3 +	13 +
9 +	19 +	8 +	18 +
6 +	16 +	+ 0	+ 0
+ 3	+ 13	2 +	12 +
+ 1	+ 11	4 +	14 +

Plusrechnen über den Zehner, Rechenstrategien
2) Die Kinder suchen Teilaufgaben, die 10 ergeben.

58

17. Rechenwege für Plusaufgaben

1 Teile die Zahlenkarten jeweils auf die beiden Felder auf.

⭐ Dabei müssen die Zahlen im linken Feld zusammengezählt das gleiche Ergebnis haben wie die Zahlen im rechten Feld.

Überlege, bei welchen Aufgaben es verschiedene Lösungen gibt.

1 4 8 2 3

1

6 3 5 4 0

7 6 2 5 10 8

5 3 9 1 2 10

1 2 3 4 5 6 7 8

2 Erkläre einem anderen Kind, wie du zu deinen Lösungen gekommen bist. Vergleicht eure Lösungswege.

Plusrechnen über den Zehner, Problemlösen
1) Die Kinder wenden geeignete Denk- und Lösungsstrategien an, z. B. systematisches Probieren.
2) Sie beschreiben ihre Vorgangsweisen und vergleichen ihre Lösungswege.

59

1 Lege, zeichne und rechne.

16 − 5 =

17 − 6 =

19 − 2 =

13 − 2 =

18 − 5 =

18 − 4 =

15 − 4 =

18 − 6 =

19 − 8 =

2 Lege, zeichne und rechne wie Nora.

13 − 5 =

3   2

16 − 7 =

15 − 8 =

12 − 4 =

12 − 8 =

13 − 4 =

Bleib in Form!

3 Schreibe die Nachbarzahlen.

| 11 | | | 16 | | | 17 | | | 14 | |

Minusrechnen über den Zehner, zuerst bis zehn und dann weiter

18. Rechenwege für Minusaufgaben

1   Rechne zuerst bis 10, dann weiter.

12 − 6 = ☐   16 − 8 = ☐   13 − 6 = ☐   14 − 7 = ☐
☐ ☐   ☐ ☐   ☐ ☐   ☐ ☐

11 − 5 = ☐   13 − 5 = ☐   16 − 9 = ☐   17 − 8 = ☐
☐ ☐   ☐ ☐   ☐ ☐   ☐ ☐

15 − 8 = ☐   17 − 7 = ☐   15 − 6 = ☐   13 − 9 = ☐
☐ ☐   ☐ ☐   ☐ ☐   ☐ ☐

2   Rechne zuerst bis 10, dann weiter. Kontrolliere deine Lösungen.

11 − 5 = ☐   15 − 9 = ☐   12 − 7 = ☐   13 − 8 = ☐
☐ ☐   ☐ ☐   ☐ ☐   ☐ ☐

13 − 6 = ☐   12 − 6 = ☐   15 − 8 = ☐   16 − 9 = ☐
☐ ☐   ☐ ☐   ☐ ☐   ☐ ☐

14 − 7 = ☐   16 − 8 = ☐   14 − 5 = ☐   12 − 7 = ☐
☐ ☐   ☐ ☐   ☐ ☐   ☐ ☐

Lösungen: 5   5   5   6   6   6   7   7   7   7   8   9

3   Rechne und ergänze die fehlenden Rechnungen.

13 − 3 = ☐   12 − 2 = ☐   17 − 7 = ☐   11 − 1 = ☐
13 − 4 = ☐   12 − 4 = ☐   17 − 8 = ☐   11 − 3 = ☐
13 − 5 = ☐   12 − 6 = ☐   17 − 9 = ☐   11 − 5 = ☐
☐ − ☐ = ☐   ☐ − ☐ = ☐   ☐ − ☐ = ☐   ☐ − ☐ = ☐

Minusrechnen über den Zehner, zuerst bis zehn und dann weiter

1 Rechne und kontrolliere deine Lösungen.

12 − 4 = ☐   15 − 5 = ☐   9 − 6 = ☐

8 − 8 = ☐   20 − 4 = ☐   7 − 7 = ☐

16 − 3 = ☐   13 − 0 = ☐   14 − 6 = ☐

10 − 6 = ☐   10 − 3 = ☐   12 − 2 = ☐

18 − 4 = ☐   12 − 6 = ☐   11 − 4 = ☐

Lösungen:

0	0	3	4	6
7	7	8	8	10
10	13	13	14	16

2 Rechne und kontrolliere deine Lösungen.

6 − 6 = ☐   8 − 5 = ☐   9 − 7 = ☐

13 − 5 = ☐   12 − 7 = ☐   13 − 6 = ☐

12 − 5 = ☐   10 − 6 = ☐   7 − 6 = ☐

9 − 7 = ☐   14 − 4 = ☐   8 − 8 = ☐

14 − 8 = ☐   9 − 3 = ☐   20 − 3 = ☐

Lösungen:

0	0	1	2	2
3	4	5	6	6
7	7	8	10	17

3 Rechne und ergänze die fehlenden Rechnungen.

11 − 7 = ☐   15 − 3 = ☐   14 − 8 = ☐   16 − 9 = ☐

11 − 5 = ☐   15 − 5 = ☐   14 − 6 = ☐   16 − 8 = ☐

11 − 3 = ☐   15 − 7 = ☐   14 − 4 = ☐   16 − 7 = ☐

☐ − ☐ = ☐   ☐ − ☐ = ☐   ☐ − ☐ = ☐   ☐ − ☐ = ☐

Bleib in Form!

4 Zeichne die Spiegelbilder.

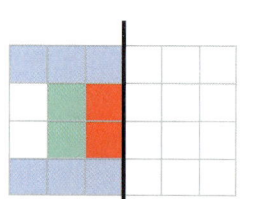 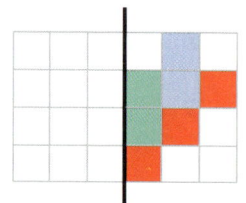 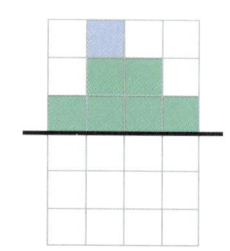 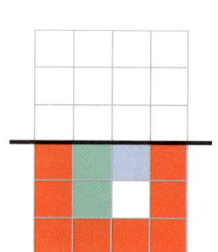

Minusrechnen über den Zehner

19. Eckig oder rund?

1 Kreise runde Dinge rot und eckige Dinge blau ein.
Fülle die Tabelle aus.

	⭕ rund
	⬜ eckig

Ecke, Kante,
Seitenfläche,
Körper

2 Wie viele Ecken und Kanten haben diese Körper?

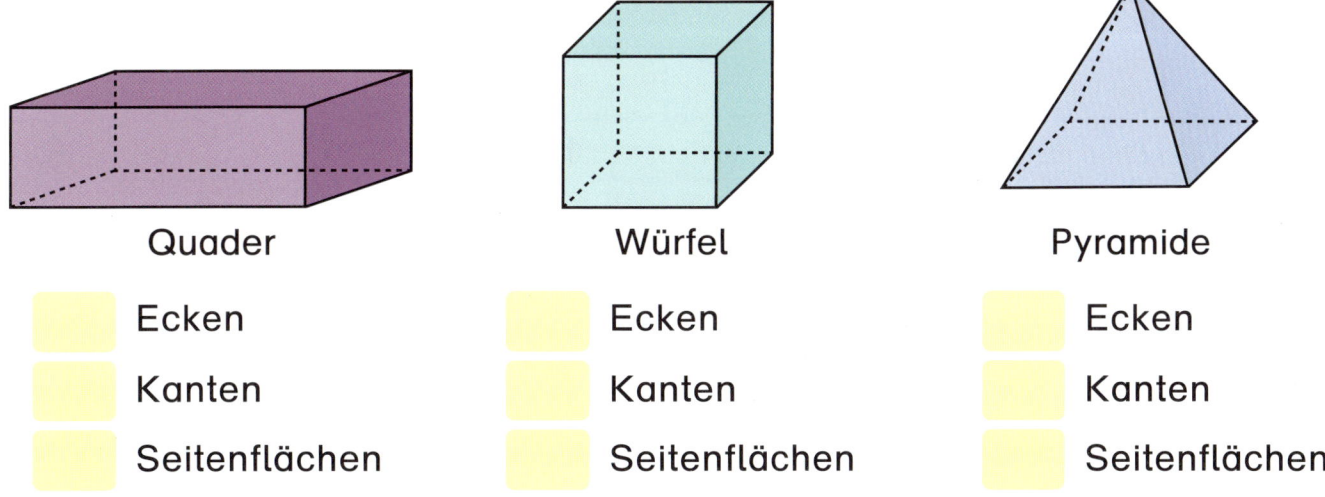

Quader
- Ecken
- Kanten
- Seitenflächen

Würfel
- Ecken
- Kanten
- Seitenflächen

Pyramide
- Ecken
- Kanten
- Seitenflächen

3 Suche nach kugelförmigen
und würfelförmigen
Gegenständen
in deiner Umwelt!

Raum und Form, geometrische Körper, Ecken, Kanten, Seitenflächen

20. Zahlenmauern

Grundstein, Zielstein

1 Schreibe die fehlenden Zahlen in die Zahlenmauern.

4   3 + 1 = 4
3   1

3   2   1

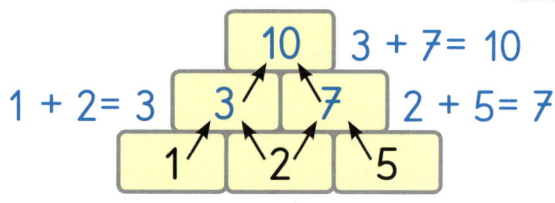

10   3 + 7 = 10
1 + 2 = 3   3   7   2 + 5 = 7
1   2   5

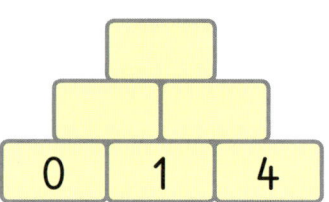

0   1   4

5   1   3

2 Ergänze die Zahlenmauern.

6   4   3

8   2   5

2
    0   8

10
    2   3

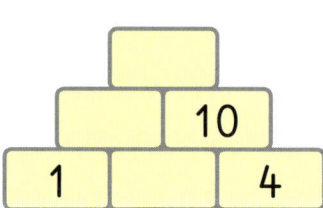

    10
1   4

    6
10   3

3 Ergänze die Zahlenmauern.

6
1   1

10
3   3

20
7   7

Bleib in Form!

4 Rechne und bilde die Tauschaufgabe.

6 + 3 = 9   1 + 7 =   5 + 2 =   3 + 5 =

3 + 6 =

Plusrechnen und Ergänzen im Zahlenraum 20, Zahlenmauern
1) In Zahlenmauern enthält jeder Stein die Summe der Zahlen der darunterliegenden Steine.

64

20. Zahlenmauern

1 Ergänze die Zahlenmauern.

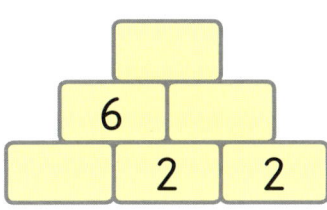

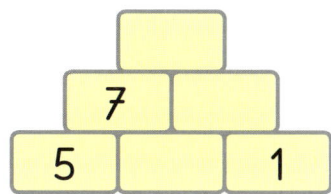

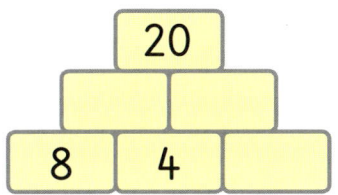
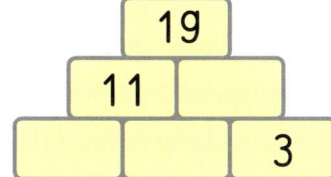
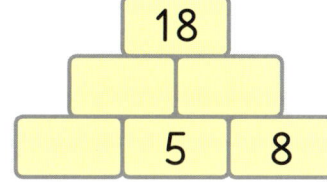

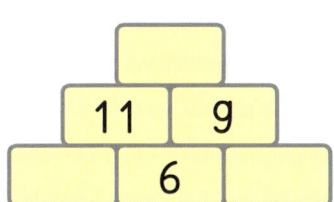
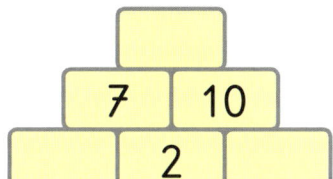

2 Ergänze die Zahlenmauern.

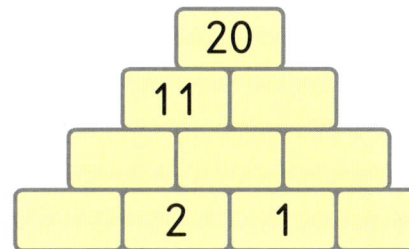

3 Ergänze die Zahlenmauern. Verschiedene Lösungen sind möglich.

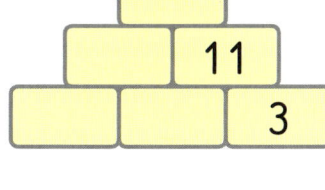
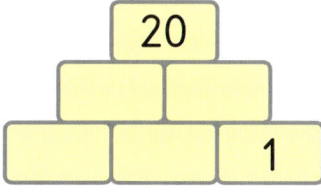

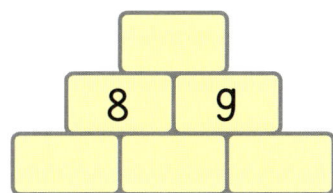

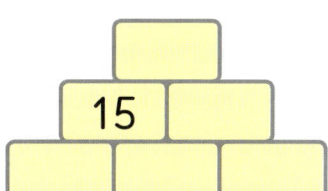

Plusrechnen und Ergänzen im Zahlenraum 20, Zahlenmauern

1 Rechne und kontrolliere selbst die Lösungen.

6 + 3 = ☐   5 + 4 = ☐   7 + 1 = ☐   12 + 7 = ☐

12 + 2 = ☐   14 + 3 = ☐   14 + 4 = ☐   7 + 2 = ☐

18 + 1 = ☐   18 + 1 = ☐   15 + 3 = ☐   11 + 3 = ☐

14 + 4 = ☐   1 + 8 = ☐   11 + 2 = ☐   3 + 6 = ☐

5 + 5 = ☐   10 + 6 = ☐   6 + 3 = ☐   12 + 4 = ☐

Lösungen: | 8 | 9 | 9 | 9 | 9 | 9 | 9 | 10 | 13 | 14 | 14 | 16 | 16 | 17 | 18 | 18 | 18 | 19 | 19 | 19 |

2 Rechne und kontrolliere selbst die Lösungen.

12 − 1 = ☐   14 − 4 = ☐   18 − 7 = ☐   17 − 3 = ☐

16 − 3 = ☐   17 − 2 = ☐   19 − 2 = ☐   17 − 4 = ☐

13 − 2 = ☐   18 − 4 = ☐   20 − 3 = ☐   19 − 4 = ☐

20 − 4 = ☐   16 − 6 = ☐   14 − 3 = ☐   18 − 6 = ☐

19 − 5 = ☐   16 − 0 = ☐   15 − 4 = ☐   17 − 5 = ☐

Lösungen: | 10 | 10 | 11 | 11 | 11 | 11 | 11 | 12 | 12 | 13 | 13 | 14 | 14 | 14 | 15 | 15 | 16 | 16 | 17 | 17 |

3 Ergänze die Spiegelbilder.

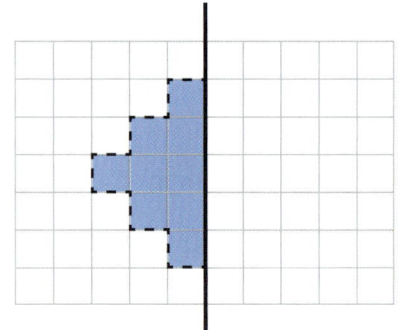 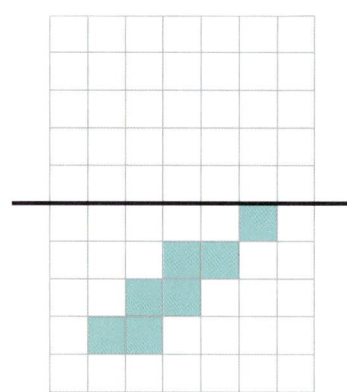 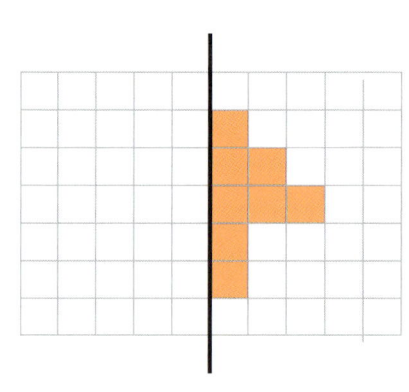

Bleib in Form!

4 Ergänze das Zahlenband.

(... 6 7 ... 14 ...)

1 Rechne bis 10 und dann weiter.

8 + 6 = 14
2 4

7 + 6 = ☐

5 + 9 = ☐

5 + 8 = ☐

7 + 9 = ☐

4 + 8 = ☐

8 + 5 = ☐

8 + 3 = ☐

9 + 6 = ☐

3 + 9 = ☐

8 + 8 = ☐

7 + 8 = ☐

9 + 3 = ☐

7 + 4 = ☐

9 + 2 = ☐

8 + 7 = ☐

2 Finde Rechnungen zu den Dominosteinen.

 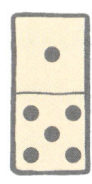

4 + 6 = 10

 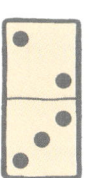

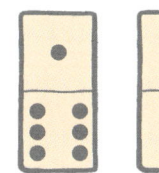

3 Rechne und kontrolliere deine Lösungen.

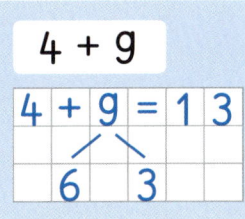
4 + 9
4 + 9 = 13
6 3

6 + 6	8 + 6	6 + 7	8 + 3
8 + 7	7 + 5	9 + 4	7 + 8
7 + 4	9 + 3	7 + 7	9 + 2

Lösungen: ☐11☐ ☐11☐ ☐11☐ ☐12☐ ☐12☐ ☐12☐ ☐13☐ ☐13☐ ☐13☐ ☐14☐ ☐14☐ ☐15☐ ☐15☐

Wiederholung: Plusrechnen über den Zehner, Rechenstrategien

21. Das kann ich schon!

1 Rechne. Erkläre, wie dir die erste Rechnung hilft, die zweite zu lösen.

13 − 3 = ☐   15 − 5 = ☐   12 − 2 = ☐   16 − 6 = ☐
13 − 5 = ☐   15 − 6 = ☐   12 − 6 = ☐   16 − 7 = ☐

11 − 1 = ☐   17 − 7 = ☐   14 − 4 = ☐   18 − 8 = ☐
11 − 6 = ☐   17 − 9 = ☐   14 − 8 = ☐   18 − 9 = ☐

2 Rechne bis 10 und dann weiter.

13 − 8 = 5   15 − 9 = ☐   16 − 8 = ☐   12 − 5 = ☐
   3   5   ☐   ☐   ☐   ☐   ☐   ☐

12 − 6 = ☐   14 − 7 = ☐   13 − 7 = ☐   15 − 7 = ☐
   ☐   ☐   ☐   ☐   ☐   ☐   ☐   ☐

16 − 7 = ☐   14 − 8 = ☐   13 − 6 = ☐   14 − 6 = ☐
   ☐   ☐   ☐   ☐   ☐   ☐   ☐   ☐

3 Rechne und kontrolliere deine Lösungen.

16 − 7
1 6 − 7 = 9
     6   1

16 − 8   13 − 8   16 − 9   15 − 7
18 − 9   14 − 9   15 − 8   11 − 3
17 − 9   13 − 7   13 − 4   12 − 5

Lösungen: 5 5 6 7 7 7 8 8 8 8 9 9 9

Bleib in Form!

4 Schreibe die gesuchten Zahlen in die Tabelle.

Zahl	1	2	3						
das Doppelte	2								

Wiederholung: Minusrechnen über den Zehner, Rechenstrategien

1 Welche Formen entdeckst du in dem Bild?

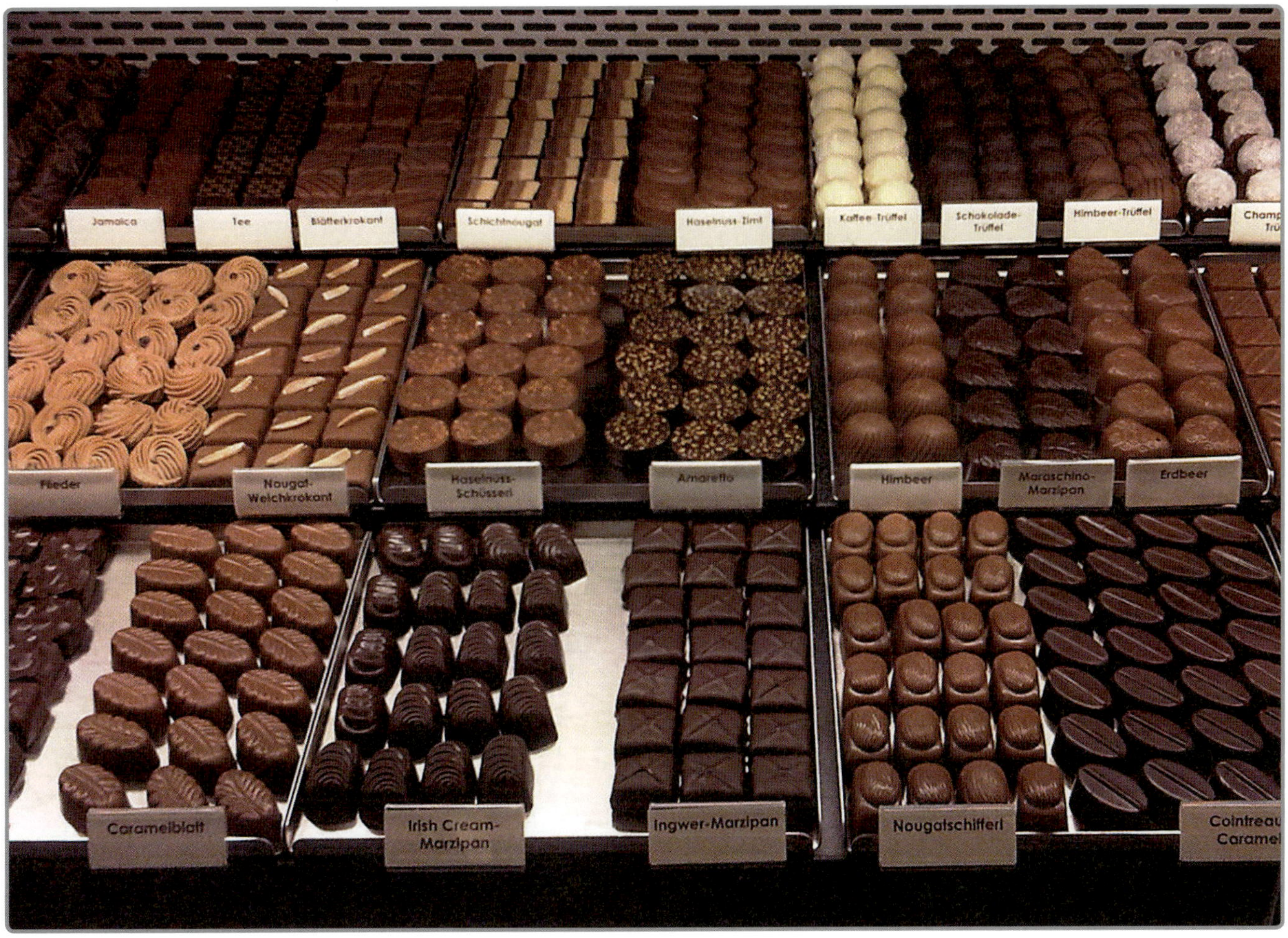

Jamaica · Tee · Blätterkrokant · Schichtnougat · Haselnuss-Zimt · Kaffee-Trüffel · Schokolade-Trüffel · Himbeer-Trüffel · Champ... Trü...

Flieder · Nougat-Weichkrokant · Haselnuss-Schüsserl · Amaretto · Himbeer · Maraschino-Marzipan · Erdbeer

Caramelblatt · Irish Cream-Marzipan · Ingwer-Marzipan · Nougatschifferl · Cointreau Caramel

2 Ergänze die Zahlenmauern.

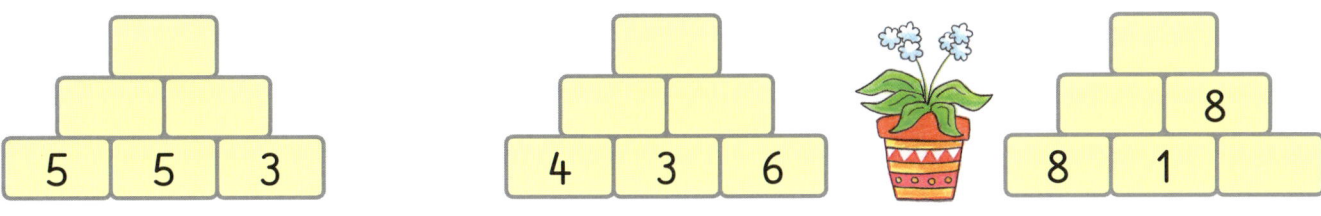

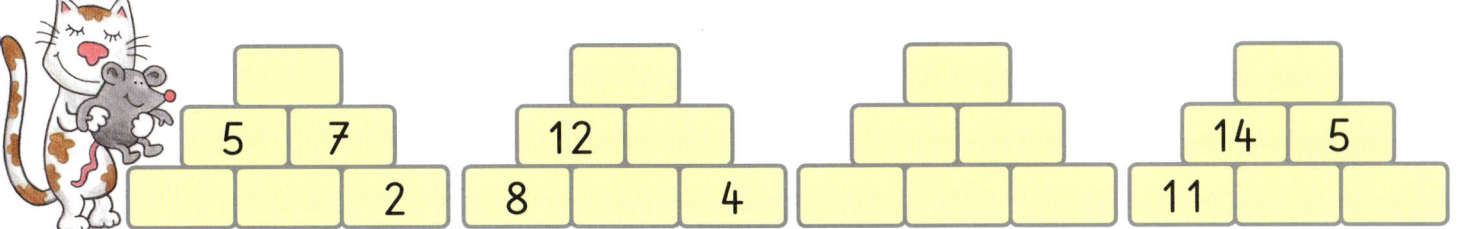

Wiederholung: geometrische Körper, Zahlenmauern

22. Rechnen mit Geld

1 Wie viel Euro sind das?

2 €

___ €

___ €

___ €

___ €

___ €

___ €

___ €

2 Wie viel Euro sind das?

___ €

___ €

___ €

___ €

___ €

___ €

Schreibkurs

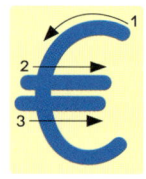

3 Schreibe das Euro-Zeichen.

Größen: Euro

22. Rechnen mit Geld

Jeder Armreif: 4,- €

Jede Geldbörse: 10,- €

Schlüssel-anhänger: 3,- €

Taschenlampe: 8,- €

1 Wie viel bezahlen die Kinder?

Jannik kauft:

Rechnung: 3 € + 3 € = 6 €

Antwort: Jannik bezahlt 6 €.

Ludwig kauft:

Rechnung:

Antwort:

Thea kauft:

Rechnung:

Antwort:

Sarah kauft:

Rechnung:

Antwort:

2 Wie viel bezahlen die Kinder?

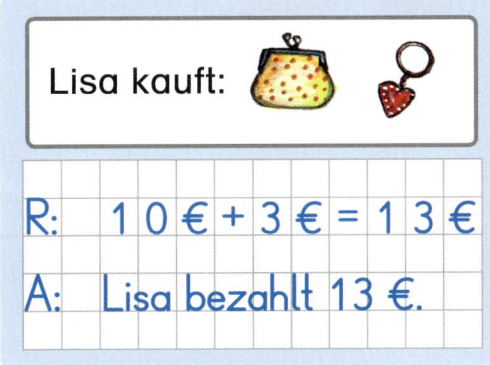

Lisa kauft:

R: 10 € + 3 € = 13 €

A: Lisa bezahlt 13 €.

Alfred kauft: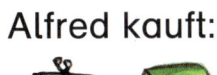

Mia kauft:

Uwe kauft:

Paula kauft:

3 Sabrina bezahlt 12 €.
⭐ Was könnte sie gekauft haben? Gibt es verschiedene Möglichkeiten?

Sachaufgaben mit Geld
1) 2) 3) Die Kinder verwenden die Preise aus dem Bild oben.

22. Rechnen mit Geld

1 Die Kinder kaufen ein. Berechne das Wechselgeld.

Wechselgeld:

10 € – 8 € =

Wechselgeld:

Wechselgeld:

2 Hermine kauft ☙ und ☙.

⭐ Sie bezahlt mit .

Berechne das Wechselgeld.

3 Timo kauft  und .

⭐ Er bezahlt mit .

Berechne das Wechselgeld.

4 Luise kauft 🔦 und ☙.

⭐ Sie bezahlt mit .

Berechne das Wechselgeld.

Bleib in Form!

5 Finde den Wert des verdeckten Würfels. Der Gesamtwert steht unter den Kästen. Gibt es verschiedene Möglichkeiten?

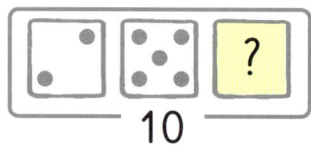

10

11

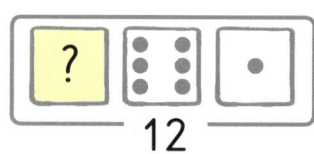

12

Sachaufgaben mit Geld
2) 3) 4) Die Preise sind in Aufgabe 1) zu finden.

72

23. Schaubilder

1 Finde Rechnungen.

2 + 2 = 4

Wie viele Luftballons von einer Farbe findest du?
Male für jeden Luftballon ein Kästchen im Schaubild an.

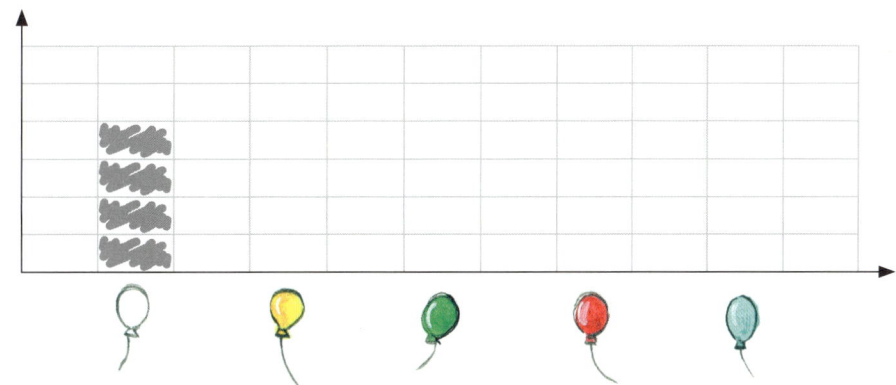

2 Welche Fische findest du in dem Aquarium?
Male für jeden Fisch ein Kästchen an.

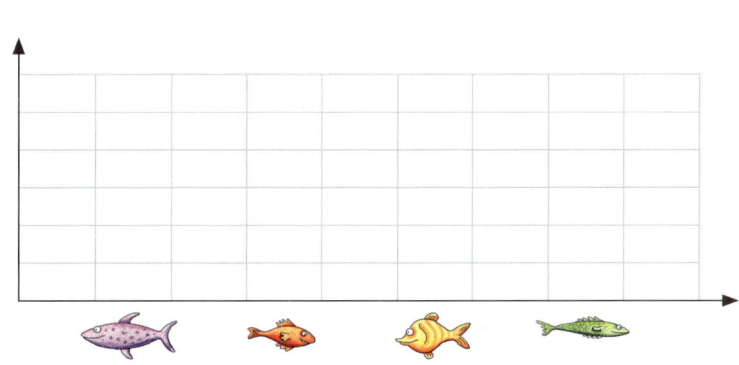

Daten, Häufigkeit

1 Meter,
1 m

1   Ergänze die Karte.

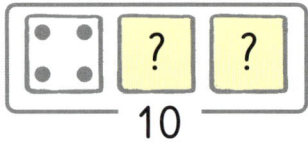

Bleib in Form!

2   Finde den Wert der verdeckten Würfel. Der Gesamtwert steht unter den
Kästen. Gibt es verschiedene Möglichkeiten?

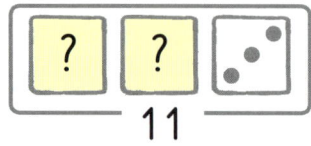

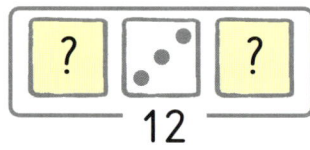

Raum und Form: Orientierung, Pläne lesen, Größen: Meter
1) Die Kinder übertragen die Beschriftungen in die zweite Karte.

74

24. Landkarten und Wege

1 Ergänze die fehlenden Namen der Zwerge.

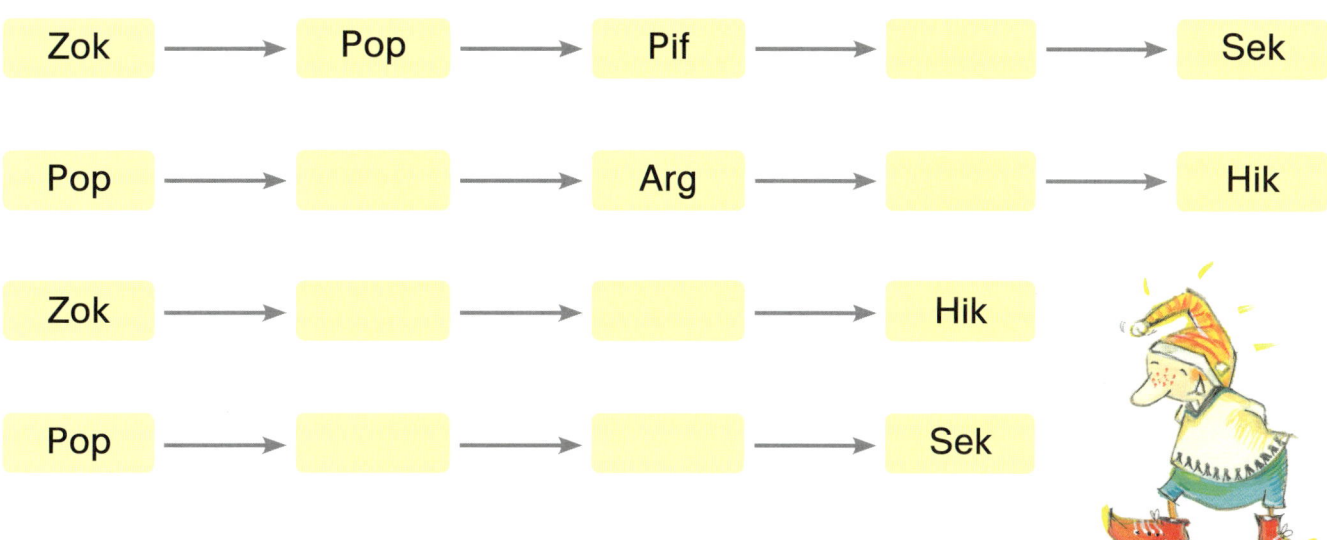

| Zok | → | Pop | → | Pif | → | | → | Sek |

| Pop | → | | → | Arg | → | | → | Hik |

| Zok | → | | → | | → | Hik |

| Pop | → | | → | | → | Sek |

2 Wie lang sind diese Wege?

4 m
Pif ⟶ Arg

Pif ⟶ Hik

Zok ⟶ Arg

Pop ⟶ Zok

Arg ⟶ Sek

Sek ⟶ Hik

3 Rechne aus, wie lang diese Wege sind.

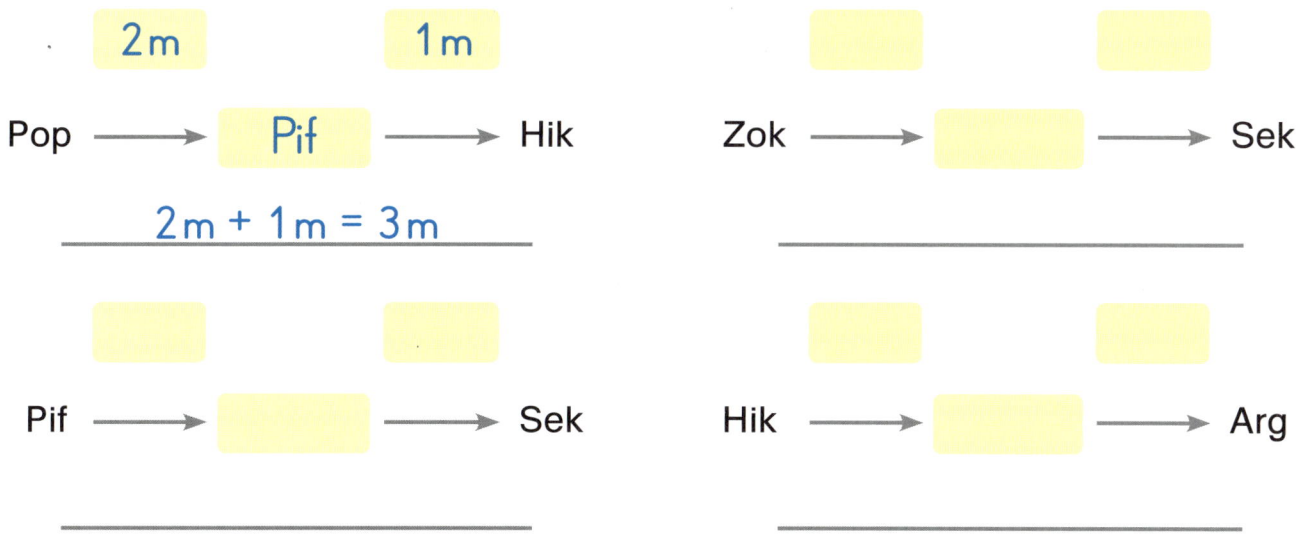

2 m   1 m
Pop ⟶ Pif ⟶ Hik

2 m + 1 m = 3 m

Zok ⟶ _____ ⟶ Sek

_____

Pif ⟶ _____ ⟶ Sek

Hik ⟶ _____ ⟶ Arg

_____

Raum und Form: Orientierung, Pläne lesen, Größen: Meter
1) 2) 3) Die Kinder verwenden die Karte auf Seite 74.

24. Landkarten und Wege

1 Meter, 1 m

 1 Wie lang sind alle Wege im Zwergendorf zusammen?

⭐

4 m	+	6 m	=	10 m		
10 m	+	8 m	=			
18 m	+					

2 Finde einen Weg, um alle Zwerge genau einmal zu besuchen ohne dabei einen Weg doppelt zu gehen.

⭐

Bleib in Form!

3 Auf einen Blick: Schreibe die Zahlen.

Raum und Form: Orientierung, Pläne lesen, Größen: Meter
1) 2) Die Kinder entwickeln eigene Lösungsstrategien. Verschiedene Lösungen sind möglich.

25. Einfach oder schwierig?

1 Bilde zu jedem Ergebnis eine leichte und eine schwierige Rechnung.

| leicht: | 10 + 5 = 15 |
| schwierig: | 8 + 7 = 15 |

| leicht: | ☐ – ☐ = 7 |
| schwierig: | ☐ – ☐ = 7 |

| leicht: | ☐ + ☐ = 12 |
| schwierig: | ☐ + ☐ = 12 |

| leicht: | ☐ – ☐ = 4 |
| schwierig: | ☐ – ☐ = 4 |

| leicht: | ☐ + ☐ = 17 |
| schwierig: | ☐ + ☐ = 17 |

| leicht: | ☐ – ☐ = 9 |
| schwierig: | ☐ – ☐ = 9 |

2 Nutze Tauschaufgaben, um die Rechnungen einfacher zu machen.

4 + 12 = ☐   6 + 13 = ☐   2 + 9 = ☐   3 + 17 = ☐

Ich rechne 12 + 4, das ist einfacher als 4 + 12!

2 + 15 = ☐   3 + 8 = ☐   5 + 11 = ☐

7 + 11 = ☐   6 + 9 = ☐   4 + 16 = ☐

4 + 16 = ☐   4 + 7 = ☐   2 + 14 = ☐

3 Rechne die Aufgabe. Überprüfe mit der Umkehraufgabe.

Das Ergebnis ist 8.

14 – 6

Stimmt! Weil 8 + 6 = 14

12 – 5 = ☐ , weil ☐ + 5 = 12   18 – 9 = ☐ , weil ☐ + ☐ = ☐

13 – 7 = ☐ , weil ☐ + 7 = 13   17 – 8 = ☐ , weil ☐ + ☐ = ☐

12 – 6 = ☐ , weil ☐ + 6 = ☐   15 – 7 = ☐ , weil ☐ + ☐ = ☐

25. Einfach oder schwierig?

1 Drei Zahlen, vier Aufgaben.

 3   5   8

$3 + 5 = 8$

 6   8   14

 5   6   11

 7   5   ?

 8   9   ?

 8   7   ?

2 Rechne und ergänze die fehlenden Rechnungen.

+ =		
$12 + 4 =$	$17 - 8 =$	$2 + 6 =$
$14 + 3 =$	$14 - 8 =$	$4 + 5 =$
$16 + 2 =$	$11 - 8 =$	$6 + 4 =$

Bleib in Form!

3 Auf einen Blick: Wie viel Euro sind das?

  €   €   €

25. Einfach oder schwierig?

1 Beginne immer mit der leichtesten Aufgabe.

5 + 6 =	13 + 5 =	12 − 4 =	16 − 10 =
5 + 5 =	3 + 5 =	12 − 3 =	16 − 9 =
5 + 4 =	5 + 13 =	12 − 2 =	16 − 11 =

In den Zauberdreiecken darf jede Zahl von 0 bis 10 nur einmal vorkommen.

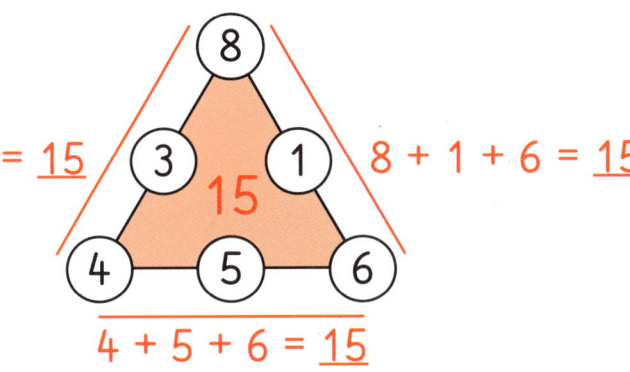

$4 + 3 + 8 = \underline{15}$ $8 + 1 + 6 = \underline{15}$

$4 + 5 + 6 = \underline{15}$

2 Finde die fehlenden Zahlen.

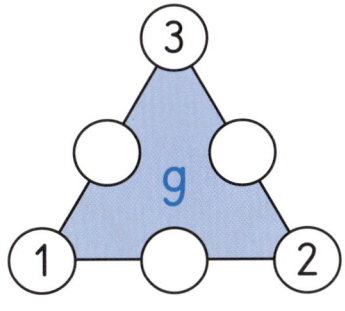
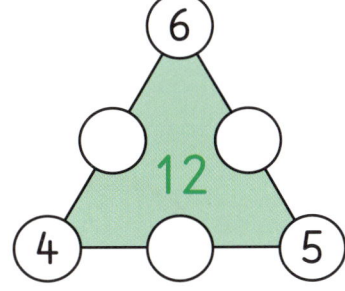
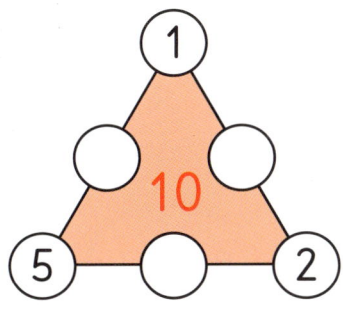

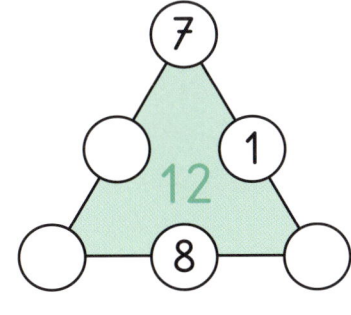
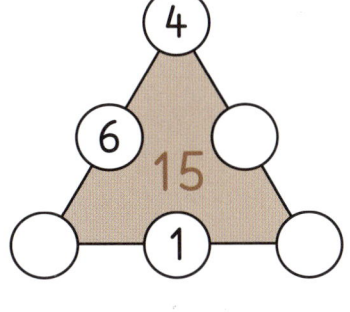
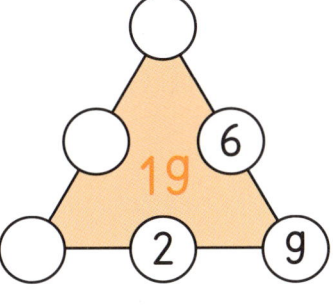

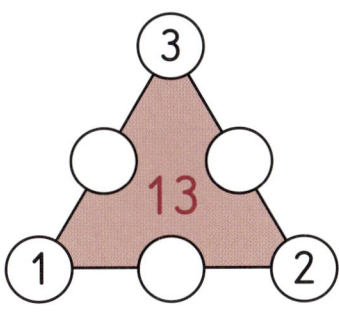

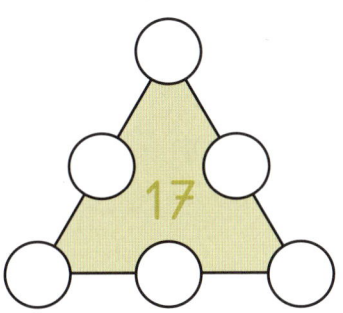

Plus- und Minusrechnungen, Zauberdreiecke
2) Die Summe der Zahlen auf jeder Seite ist gleich der Zahl, die in der Mitte steht.

26. Uhr und Kalender

1 Welche Zeiten zeigen diese Uhren?

Uhr,
Stundenzeiger,
Minutenzeiger

4 Uhr   Uhr   Uhr

2 Zeichne bei jeder Uhr den Stundenzeiger ein.

3 Uhr   4 Uhr   2 Uhr   7 Uhr   8 Uhr

10 Uhr   9 Uhr   1 Uhr   5 Uhr   6 Uhr

Bleib in Form!

3 Rechne die Würfelpunkte zusammen.

Größen und Messen: Stunden, die Uhr

26. Uhr und Kalender

1 Zeichne bei jeder Uhr den Stundenzeiger ein. Stunde

4 Uhr   12 Uhr   10 Uhr   9 Uhr   6 Uhr

2 Beim Ferienlager ist der Tag genau eingeteilt. Ergänze die Uhrzeiten.

Aufstehen
Die Kinder werden um [   ] Uhr geweckt.

Frühstück
Um [   ] Uhr gibt es Brot und Kakao.

Vormittagsprogramm
Von [   ] Uhr bis [   ] Uhr ist Vormittagsprogramm.

Mittagessen
Um [   ] Uhr essen die Kinder zu Mittag.

Nachmittagsprogramm
Von [   ] Uhr bis [   ] Uhr ist Nachmittagsprogramm.

Abendessen
Um [   ] Uhr gibt es Abendessen.

26. Uhr und Kalender

1 Male Schultage grün und schulfreie Tage gelb an.

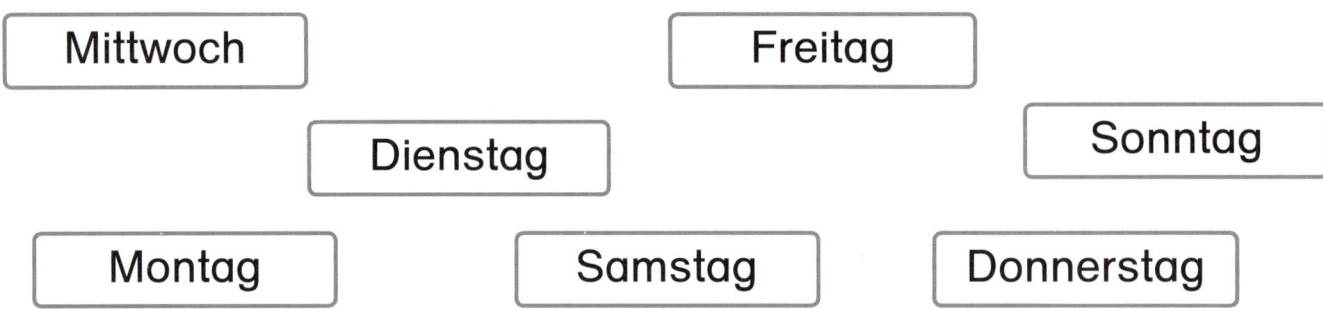

Mittwoch	Freitag
Dienstag	Sonntag
Montag	Samstag	Donnerstag

2 Schreibe die Wochentage passend zu den Zahlen in das Kreuzworträtsel.

3 Rechne die Würfelpunkte zusammen.

Bleib in Form!

Größen und Messen: Wochentage
2) Tag 1 entspricht Montag, Tag 2 Dienstag usw.

82

27. 100 Cent für ein Eis

1 Wie viel Cent sind das?

7 ct

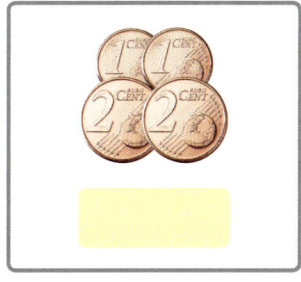

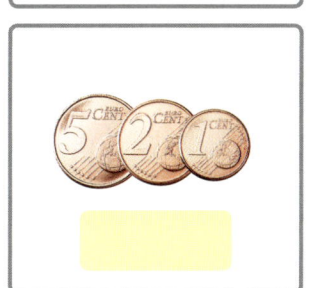

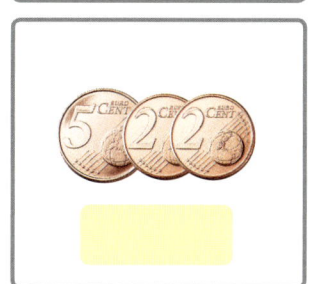

1 ct = 1 Cent
1 € = 1 Euro
1 € = 100 ct
Münze

3 In 10er-Schritten bis 100. Schreibe und sprich.

2 Wie viel Cent sind das?

30 ct

Größen: Cent

27. 100 Cent für ein Eis

1 Wie viel Cent sind das?

2 Wie viel Euro haben die Kinder gesammelt?

$$1 € = 100 \text{ ct}$$

2€

3 Wie viel Geld ist das?

1€ 20ct

Bleib in Form!

4 Ergänze die fehlenden Punkte. Schreibe die Rechnungen.

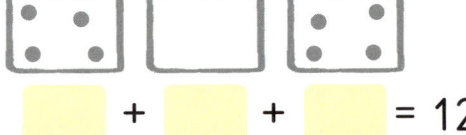

+ ____ + ____ = 12

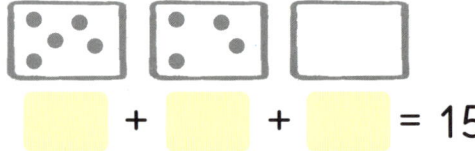

+ ____ + ____ = 15

Größen: Euro und Cent

1 Wie viel bezahlen die Kinder?

Pia kauft: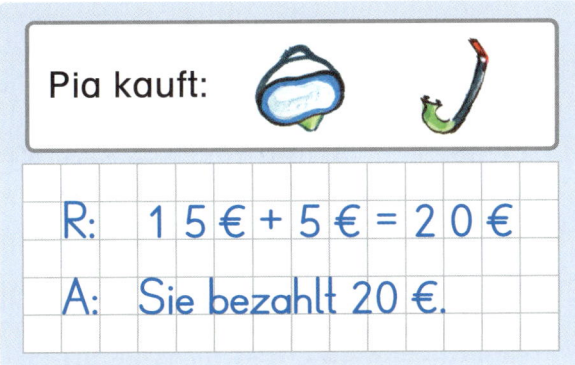

R: 1 5 € + 5 € = 2 0 €

A: Sie bezahlt 20 €.

Lutz kauft:

Tina kauft:

⭐ Berthold kauft:

2 Berechne das Wechselgeld.

Theo kauft 🥅 .

Er bezahlt mit **20** .

R: 2 0 € – 9 € = 1 1 €

A: Er bekommt 11 €

Wechselgeld.

Kathi kauft 🐟 .

Sie bezahlt mit **10** .

⭐ Nico kauft  .

Er bezahlt mit **10** **5** .

3 Ilse bezahlt 20 €. Was könnte sie gekauft haben?
⭐ Finde so viele Möglichkeiten wie du kannst!

Wiederholung: Sachaufgaben mit Geld
1) 2) 3) Die Preise finden sich im Bild oben.

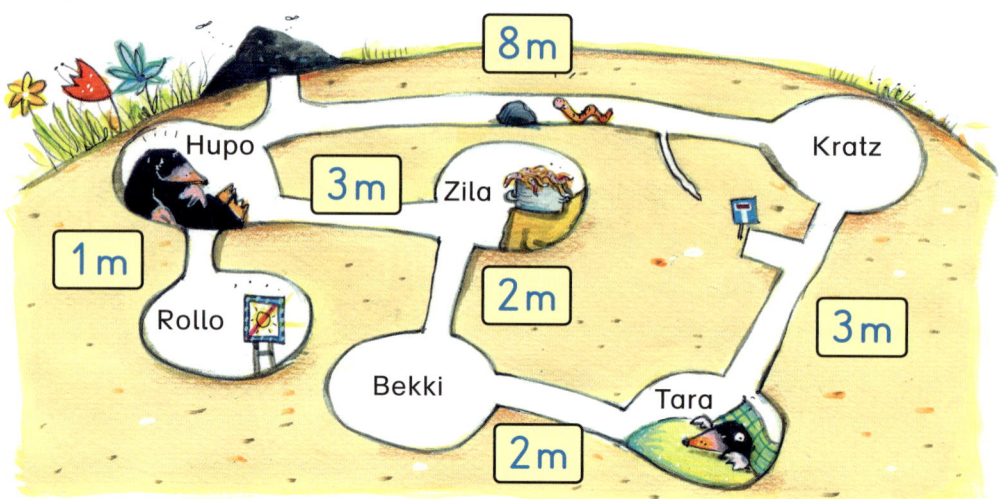

1 Wie lang sind diese Wege?

3m		
Hupo ⟶ Zila	Tara ⟶ Kratz	Hupo ⟶ Kratz

2 Wie lang sind diese Wege?

1m	8m		
Rollo ⟶ Hupo ⟶ Kratz		Tara ⟶ Bekki ⟶ Zila	

$1m + 8m = 9m$
_____

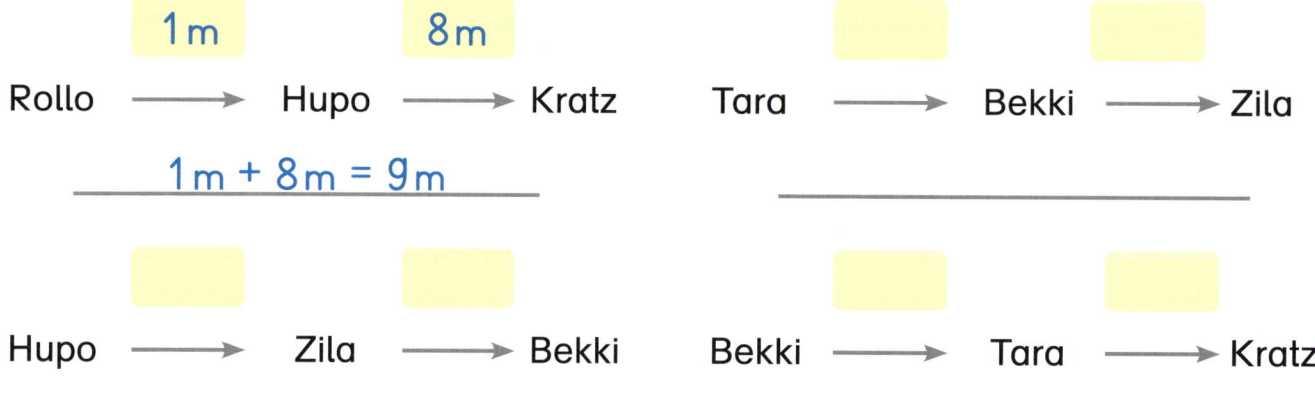

Hupo ⟶ Zila ⟶ Bekki		Bekki ⟶ Tara ⟶ Kratz	

_____

3 Beantworte die Fragen.

★ Wie lang ist der kürzeste Weg von Kratz zu Zila?

Wie lang sind alle Wege zusammen?

Bleib in Form!

4 Ergänze die Zahlenreihe.

20	19											

Wiederholung: Pläne lesen, Größen: Meter

28. Das kann ich schon!

1 Wie viel Geld ist das?

40 ct

2 Wie viel Geld ist das?

1 € 50 ct

3 Wie viele Tage sind das?

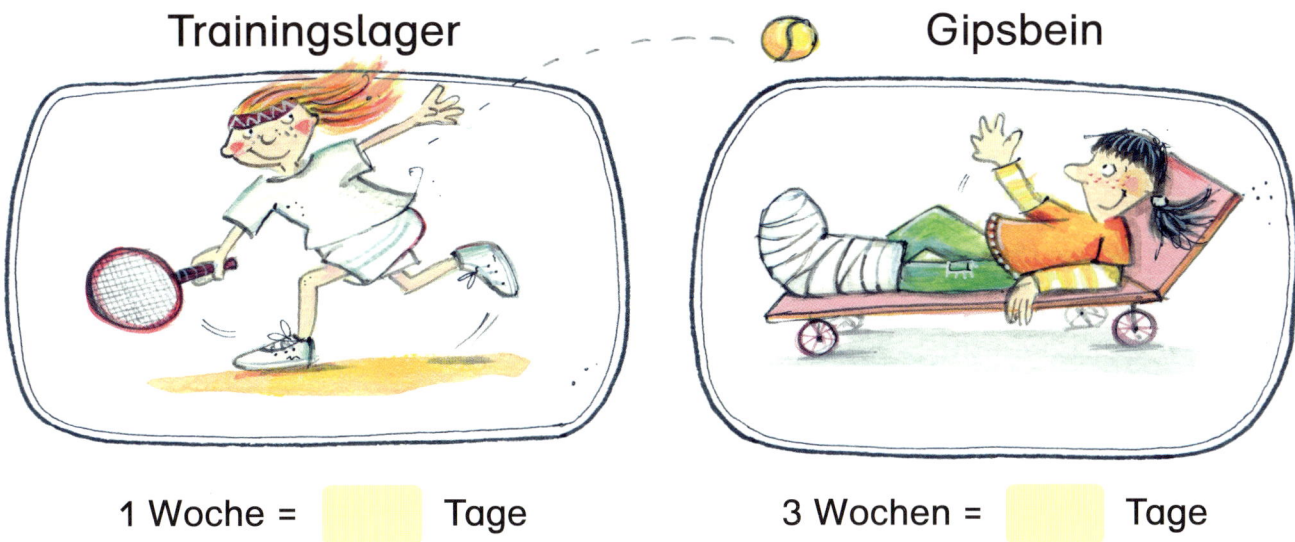

Trainingslager   Gipsbein

1 Woche =   Tage   3 Wochen =   Tage

Wiederholung: Größen: Euro und Cent, Wochen und Tage

28. Das kann ich schon!

1 Lies die Geschichte von Hanna und den Geburtstagskerzen.

⭐

Hanna und die Geburtstagskerzen

Als Hanna 1 Jahr alt wurde, kaufte ihre Mutter eine Packung mit 24 Geburtstagskerzen.

Zu Hannas erstem Geburtstag steckte sie eine Kerze in die Torte. Die anderen Kerzen blieben in der Schachtel.

Als Hanna zwei Jahre alt wurde, holte die Mutter die Schachtel wieder hervor und nahm zwei Kerzen für die Torte heraus.

Zum dritten Geburtstag nahm die Mutter drei Kerzen, zum vierten vier. So ging es Jahr für Jahr weiter. Eines Tages war die Schachtel leer.

An welchem Geburtstag musste Hannas Mutter neue Kerzen kaufen?

Beschreibe, wie du zu deiner Lösung gekommen bist.

Angenommen, jemand glaubt dir nicht.
Begründe, warum deine Lösung richtig ist.

Knobelaufgabe
1) Die Kinder setzen geeignete Lösungsstrategien ein, z.B. Nachlegen mit Legematerial, Schreiben einer Tabelle, . . .